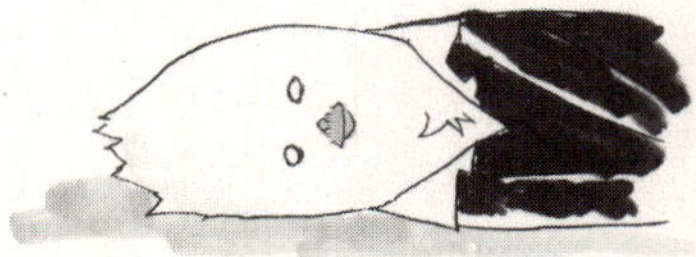

HARUICHI FURUDATE

VIELEN DANK, DASS IHR BEIM FÜNFTEN TEIL VON „HAIKYU!!" ZUGEGRIFFEN HABT. IN DER GESCHICHTE WIRD SICH ZWAR UNGLAUBLICH VIEL BEWEGT, ABER WÄHREND ICH DAS ZEICHNE, HERRSCHT BEI MIR BEWEGUNGSMANGEL. VOM SPORT ZEICHNEN ALLEIN, BEKOMMT MAN ABER KEINE MUSKELN, NICHT WAHR?

★ DIESES WERK IST FREI ERFUNDEN. ÄHNLICHKEITEN MIT PERSONEN, PERSONENGRUPPEN, EREIGNISSEN ETC. SIND REIN ZUFÄLLIG.

Haruichi
Furudate

Einzug ins
Inter-High!

5

T E R E

TOBIO KAGEYAMA

10. KLASSE, ZUSPIEL

DAS SPIELFELD DOMINIERENDER „KÖNIG" MIT ÜBERWÄLTIGENDEM GESPÜR UND HERAUSRAGENDEN KÖRPERLICHEN FÄHIGKEITEN. EIN ZIEMLICH EGOZENTRISCHER TYP.

SHOYO HINATA

10. KLASSE, MITTELBLOCK

IST NICHT MIT GROSSEM WUCHS GESEGNET, ABER VON ERSTAUNLICHER AGILITÄT UND GESCHWINDIGKEIT. GERÄT SCHNELL AUS DEM HÄUSCHEN.

CHARA

VOLLEYBALL-KLUB DER KARASUNO-OBERSCHULE

YU NISHINOYA
11. KLASSE,
LIBERO

KEI TSUKISHIMA
10. KLASSE,
MITTELBLOCK

KIYOKO SHIMIZU
12. KLASSE,
TEAM-MANAGERIN

DAICHI SAWAMURA
12. KLASSE (KAPITÄN) –
AUSSENANGRIFF

ASAHI AZUMANE
12. KLASSE,
AUSSENANGRIFF

TADASHI YAMAGUCHI
10. KLASSE,
MITTELBLOCK

RYUNOSUKE TANAKA
11. KLASSE,
AUSSENANGRIFF

KOSHI SUGAWARA
12. KLASSE
(VIZE-KAPITÄN) –
ZUSPIEL

AOBA-JOHSAI-OBERSCHULE

TORU OIKAWA
12. KLASSE (KAPITÄN) –
ZUSPIEL

KEISHIN UKAI
TRAINER

ITTETSU TAKEDA
KLUB-LEITER

CHIKARA ENNOSHITA
11. KLASSE,
AUSSENANGRIFF

STORY

ALS GRUNDSCHÜLER FASZINIERT VOM „KLEINEN GIGANTEN“, BEGINNT SHOYO HINATA VOLLEYBALL ZU SPIELEN. BEI SEINEM ERSTEN UND LETZTEN REGULÄREN SPIEL ERLEIDET ER EINE VERNICHTENDE NIEDERLAGE GEGEN TOBIO KAGEYAMA. ER SCHWÖRT RACHE UND GEHT AN DIE KARASUNO-OBERSCHULE, WO SICH, WARUM AUCH IMMER, AUCH TOBIO BEFINDET. ALS ANFANGS NOCH ERBITTERTE RIVALEN ENTSTEHT DURCH SHOYOS UNVERGLEICHLICHE BEWEGLICHKEIT UND TOBIOS BEISPIELLOS PRÄZISES ZUSPIEL EINE FANTASTISCHE KOMBINATION! BEI EINEM TRAININGSSPIEL GEGEN DIE ERZRIVALEN DER NEKOMA-OBERSCHULE ENTDECKEN SHOYO UND TOBIO EINE NEUE MÖGLICHKEIT DES ANGRIFFS. JEDOCH VERLIERT DER KARASUNO-VOLLEYBALL-KLUB GEGEN DIE NEKOMA UND BEIDE TEAMS SCHWÖREN SICH, AUF LANDESEBENE ERNEUT GEGENEINANDER ANZUTRETEN, WESWEGEN DIE KARASUNO UM DIE QUALIFIKATION ZUM INTER-HIGH RINGT.

Haikyu!!

5 Einzug ins Inter-High!

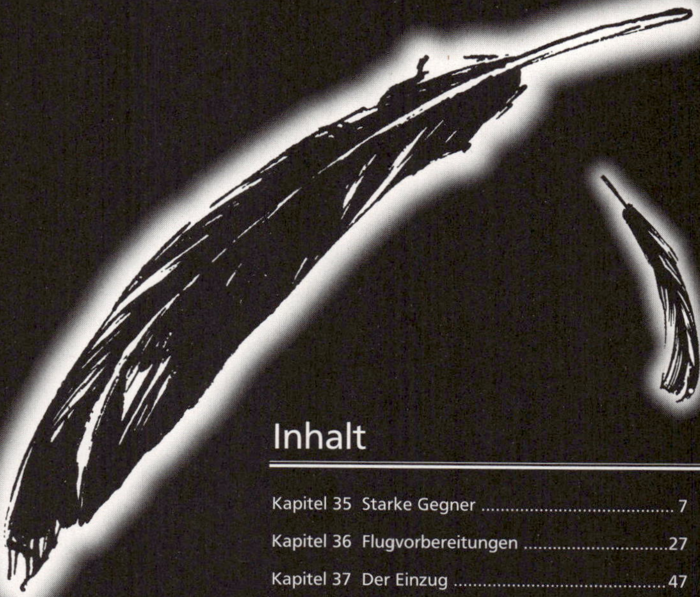

Inhalt

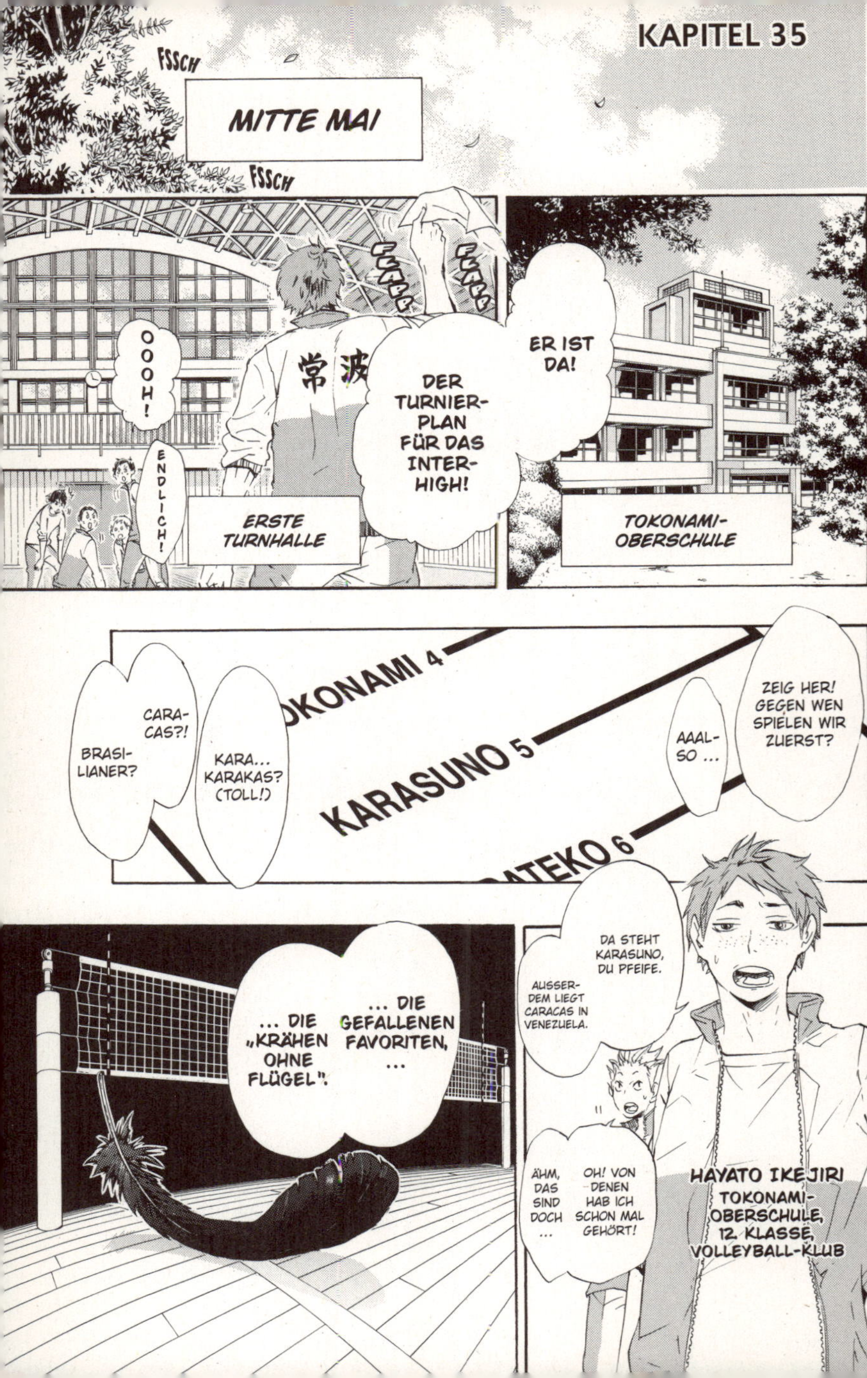
KAPITEL 35
FSSCH
MITTE MAI
FSSCH
TOKONAMI-OBERSCHULE
ER IST DA!
ERSTE TURNHALLE
DER TURNIERPLAN FÜR DAS INTER-HIGH!
FLAPP
FLAPP
OOOH!
ENDLICH!
ZEIG HER! GEGEN WEN SPIELEN WIR ZUERST?
AAALSO ...
OKONAMI 4
KARASUNO 5
DATEKO 6
KARA... KARAKAS? (TOLL!)
CARACAS?!
BRASILIANER?
DA STEHT KARASUNO, DU PFEIFE.
AUSSERDEM LIEGT CARACAS IN VENEZUELA.
HAYATO IKEJIRI TOKONAMI-OBERSCHULE, 12. KLASSE, VOLLEYBALL-KLUB
OH! VON DENEN HAB ICH SCHON MAL GEHÖRT!
ÄHM, DAS SIND DOCH ...
... DIE GEFALLENEN FAVORITEN, ...
... DIE „KRÄHEN OHNE FLÜGEL".

ABGEFAHREN! DIE HABEN EINEN SPITZNAMEN?
WAS IST DENN AN „GEFALLEN" UND „OHNE FLÜGEL" ABGEFAHREN?
MNOM
MNOM
FRÜHER WAREN DIE RICHTIG STARK. SIE HABEN AUCH AUF LANDESEBENE GESPIELT.
ABER IN LETZTER ZEIT SOLLEN SIE SICH NICHT GERADE MIT RUHM BEKLECKERT HABEN.
SOLL DAS ETWA HEISSEN, ...
... WIR HABEN EINE CHANCE?!
WIR KÖNNEN EIN TEAM BESIEGEN, DAS AUF NATIONALEM LEVEL WAR?!
DABEI FLIEGEN WIR DOCH SEIT EWIGKEITEN IN DER ERSTEN RUNDE RAUS!
DAFÜR MÜSSEN WIR ABER ERST MAL TRAINIEREN.
EK
MNOM
GNORH ... KAPITÄN!
LOS! LAUFEN!
EK
OKAAAAY.
EK
EK
EINS!
VON MEINER MITTELSCHULE IST AUS MEINEM JAHRGANG NUR EIN EINZIGER JUNGE AN DIE KARASUNO GEGANGEN.
EK
EINS!
ZWEI!
EK
ECHT?! IST DANN BESTIMMT LANGE HER, DASS IHR EUCH GESEHEN HABT, ODER? BIS JETZT SIND WIR NIE GEGEN SIE ANGETRETEN.
EK
ZWEI!
ER HATTE ...
... DIE KARASUNO BEIM FRÜHJAHRSTURNIER IM FERNSEHEN GESEHEN UND DAS NICHT MEHR AUS DEM KOPF BEKOMMEN.
NA JA, ER HAT ABER AUCH SCHON IMMER IN DER NÄHE DER KARASUNO GEWOHNT.
ICH FRAGE MICH, WIE GEHT ES WOHL ...
EK
EINS!
EINS!
ZWEI!
EK

... DAICHI.
DOMM
KAPITEL 35: STARKE GEGNER
TOLLE ANNAHME, DAICHI!
FHIUH
SAUBER!
ANGRIFF SICHERN! HIN DA! NICHT NUR ZUGUCKEN!

IHR MÜSST EUCH DIE GANZE ZEIT VORSTELLEN, ...
... DASS DAS EUER LETZTER BALL IST!
WENN IHR DAS NICHT IM KOPF HABT, ...
... WIRD DER BALL, DEN IHR JETZT VERNACHLÄSSIGT, ...
... IRGENDWANN ZU EUREM VERHÄNGNIS WERDEN!
HÖRT ZU ...
IHR HABT EUCH ALLE GUT GEGEN DIE NEKOMA GESCHLAGEN.
JETZT GEHT ES OHNE VERSCHNAUFPAUSE ...
... IN DIE VORRUNDEN DES INTER-HIGH. AM ZWEITEN JUNI, ALSO NÄCHSTEN MONAT, GEHT ES LOS.

IN MIYAGI GIBT ES KEINE BEZIRKSRUNDEN, ALSO STARTEN WIR SOFORT MIT DEN VORRUNDEN DER PRÄFEKTUR.
SIEGER-TEAM
FINALE
VON DEN AN DIE SECHZIG TEAMS DER PRÄFEKTUR SCHAFFT ES IN DEN LANDESENTSCHEID ...
... NUR EIN TEAM!
SOBALD WIR EIN EINZIGES SPIEL VERLIEREN, IST DIE REISE VORBEI.
WENN WIR UNS BEI DER NEKOMA REVANCHIEREN WOLLEN, BLEIBT UNS NICHTS ANDERES ÜBRIG, ALS DAS BESTE TEAM VON MIYAGI ZU WERDEN.
DER ZWEITE PLATZ BRINGT NICHTS.
ALLERDINGS MUSS DIE NEKOMA ES AUCH ERST MAL SCHAFFEN, DAS BESTE TEAM VON TOKYO ZU WERDEN.
WEIL ES DORT SO VIELE SCHULEN GIBT, WIRD TOKYO VON ZWEI TEAMS VERTRETEN, ODER?
JA, GENAU.
DIE PACKEN DAS SCHON!
MIT DIESEN TYPEN!
STIMMT.
DIE SIND ECHT STARK.
DAS SIND SIE.
NOCH MAL ...
... GEGEN DIE NEKOMA ...

NOCH MAL ...!
DOMM
FURGH!
PAMM
SUPER SHOYO!
SICHERN!
IEK
IEK
DAMM
DAMM
VORNE, NACH VORNE!
IEK
DAMM
IEK
IEK
BIS MORGEN!
BIS DANN!
WOW!
DAS IST ECHT KRASS! EIN RIESEN-FOTO!
?
WAS IST DENN?!
WAS HABT IHR DENN DA?
FWT

DAS.
SWP
?
MONATLICH VOLLEYBALL
EINE AUSWAHL ERWÄHNENSWERTER SPIELER?
IN DIESEM JAHR GIBT ES UNTER DEN „ERWÄHNENSWERTEN SPIELERN" LANDESWEIT NUR DREI, DIE ALS „BESONDERS ERWÄHNENSWERT" BEZEICHNET WERDEN.
EINER DAVON IST WAKATOSHI VON DER SHIRATORIZAWA.
DIE SHIRATORIZAWA, DAS IST DOCH DIE SCHULE, AN DER TOBIO DURCHGEFALLEN IST!
SCHNAUZE!
SWUSCH
PRFFF
THÄHÄ
UND ... DIESER WAKATOSHI ...?
WIE? DU KENNST IHN NICHT?
SHOYO HAT NUR SEINEN „KLEINEN GIGANTEN" IM KOPF, STIMMT'S?
ES SIND SICH ALLE EINIG, DASS WAKATOSHI IN MIYAGI DAS ASS NUMMER EINS IST.

Natürlich hat er es auf den Sieg abgesehen.
Über-wältigende Power und Größe! Das Top-Ass der Ober-schulen!
DAS IST WAKATOSHI USHIJIMA.
Miyagi
Shiratorizawa-Oberschule
Wakatoshi Ushijima – 12. Klasse
HRMM.
FUPP
MAN BRAUCHT IHN NUR ZU SEHEN, UM ZU WISSEN, DASS ER EIN ASS IST.
WUNN
…
HEY! WAS GUCKST DU MICH SO AN?
烏野高校 排球部
DU WOLLTEST ALSO AN DIE GLEICHE SCHULE WIE ER, TOBIO?
UND DANN WÄRST DU ZUM TOP-ASS DER OBER-SCHULEN GEGANGEN …
… UND HÄTTEST GESAGT: „MACH SCHON SCHNELLER, DU STÜMPER!“ ODER?
HÄTTE ICH NICHT!
UM GEGEN DIE NEKOMA SPIELEN ZU KÖNNEN, …
… MÜSSEN WIR IHN BESIEGEN.
VOLLEYBALL

Na, na, na!
Die Shiratorizawa ist nicht unser einziger starker Gegner.
IEK
Trainer.
Sind damit … die anderen besten vier Teams vom letzten Jahr gemeint?
RASCHEL
Die natürlich auch … aber in diesem Jahr gibt es noch andere harte Brocken.
Mal sehen … da wäre als erstes …
KNISTER
… die verteidigungsstarke und ausgezeichnet aufeinander abgestimmte …
… Wakutani Minami.
Die Spieler sind nicht sonderlich gross, aber …
… aussergewöhnlich talentiert, wenn es darum geht, den Ball anzunehmen und im Spiel zu halten.
WAKUNAN*
*Durch die vielfältigen Lesungen der Schriftzeichen wird die Abkürzung von Wakutani Minami zu „Wakunan" (statt „Wakuminami")
Seit dem letzten Jahr ist Takeru Nakashima die treibende Kraft des Teams. Er ist jetzt in der Zwölften und die Mannschaft ist noch brillanter geworden.
Dann wäre da noch ein Team, …
FLAPP
… das von einem ganz anderen Schlag ist, als die Wakunan. Sie haben eine knallharte Defensive, …

DIE DATEKO*.
... DIE MAN NUR ALS EINE EISERNE WAND BEZEICHNEN KANN.
DATEKO
伊達工業
伊達工業
*ABKÜRZUNG VON DATEKOGYO KOKO („TECHNISCHE OBERSCHULE DATE")
!
KEIN ANDERES TEAM IST AUF SEINEN BEACHTLICHEN BLOCK SO STOLZ WIE SIE.
LETZTEN MÄRZ HABT IHR BEI DER MEISTER-SCHAFT DER PRÄFEKTUREN GEGEN DIE DATEKO ...
... ZWEI ZU NULL VERLOREN.
!

DAS SPIEL IM MÄRZ ... EIN BLOCK WIE EINE EISERNE WAND ...
ES GAB EIN SPIEL, DA WURDEN ASAHIS SCHMETTERBÄLLE EINER NACH DEM ANDEREN ABGEBLOCKT.
...
BEVOR ASAHI ZURÜCKGEKOMMEN IST, ...
... HAT KOSHI VON EINEM SPIEL GESPROCHEN. WAR ES DAS GEGEN DIE DATEKO?
伊達工業
GRUNDSÄTZLICH SPIELT DAS TEAM DER DATEKO AUF DEM NIVEAU DER BESTEN VIER, ...
... ABER IM LETZTEN JAHR WAR ES FÜR SIE NACH EINEM SPIEL GEGEN DIE SIEGERSCHULE SHIRATORIZAWA IN DER DRITTEN RUNDE VORBEI UND SOMIT WAREN SIE NUR UNTER DEN BESTEN SECHZEHN.
DESWEGEN SIND SIE IN DIESEM JAHR AUCH KEINE **GESETZTE** MANNSCHAFT.
ES KANN ALSO DURCHAUS SEIN, DASS WIR SCHON IN DER ERSTEN RUNDE AUF SIE TREFFEN.
DIE DATEKO IST ABER NICHT DAS EINZIGE STARKE TEAM IN IHRER GRUPPE.
AUF ALLE FÄLLE IST DIESE GRUPPE ZIEMLICH KNACKIG.
...
ALS NÄCHSTER WÄRE DA ...
OOOH ... IHR HABT SCHON GEGEN IHN GESPIELT.
FLAPP
ER HAT DIE MEISTE ANGRIFFSKRAFT IM GESAMTEN TEAM, OBWOHL ER EIGENTLICH ZUSPIELER IST.
ABER AUCH AUF DIESER POSITION SPIELT ER HERVORRAGEND.
...
WAS SEINE EFFEKTIVITÄT ANGEHT, IST ER IN MIYAGI WOMÖGLICH DER TOP-SPIELER.

DER GROSSE KÖNIG!
BRRR
...
SIE SIND EINE DER BESTEN VIER SCHULEN VOM LETZTEN JAHR.
PAH
VOLLEYBALL
UND DANN, ...
... WER KÖNNTE ES ANDERES SEIN, ...
TORU OIKAWA, ANFÜHRER DER ...
... AOBA-JOHSAI-OBERSCHULE.
SEIJOH

... DER CHAMPION MIT DEM TOP-ASS WAKATOSHI USHIJIMA AN DER SPITZE, ...
... DIE SHIRATORI-ZAWA.
SO IN ETWA SIEHT DAS AUS ... SPÄTER ERFAHRT IHR MEHR.
KEISHIN WIRKT IMMER SO SCHLUDRIG, DABEI IST ER BESTENS INFORMIERT.
OOOH
OBWOHL ER SO SCHLUDRIG IST ...
...
IHR DENKT DOCH NICHT ETWA GERADE AN IRGENDWELCHE UNVERSCHÄMT-HEITEN?
IHR HABT GEGEN DIE AOBA-JOHSAI GEWONNEN, BEVOR YU UND ICH ZURÜCK-GEKOMMEN SIND.

DIE SCHLÜSSELFIGUR TORU OIKAWA HAT KAUM GESPIELT …
… UND ALS ER DANN MITGESPIELT HAT, HABEN SIE UNS GANZ SCHÖN IN DIE MANGEL GENOMMEN.
…
RUSCH
RUSCH
WIE DEM AUCH SEI …
MEINER MEINUNG NACH …
… SIND DAS DIE VIER BESTEN TEAMS IN DIESEM JAHR.
…
ICH ERZÄHLE EUCH ZWAR DIESE SACHEN, ABER WER NUR NACH OBEN SIEHT, …
… FÄLLT AUCH SCHNELL MAL AUF DIE SCHNAUZE.
…
KEINES DER TEAMS …
… NIMMT AN DEM TURNIER TEIL, UM ZU VERLIEREN.
ALLE SIND DORT, UM ZU GEWINNEN.
WÄHREND WIR UNS DIE SEELE AUS DEM LEIB TRAINIEREN, …
… TRAINIEREN DIE ANDEREN SELBSTVERSTÄNDLICH GENAUSO HART.
OB DIE MANNSCHAFT NUN SCHWACH IST ODER STARK, …
… SIE WILL GEWINNEN.

VER-GESST DAS NICHT!
NEIN.
AUCH NICHT, DASS …
… UNS KEINER VON IHNEN …
… NOCH EINMAL …
… „DIE KRÄHEN OHNE FLÜGEL" NENNEN WIRD.
NEIN!
UNSER TRAINER HAT RECHT.
?
„WER NUR NACH OBEN SIEHT, FÄLLT AUCH SCHNELL MAL AUF DIE SCHNAUZE!"
ABER …
… ICH WILL NICHT VERLIEREN.
GEWINNEN IST DAS EINZIGE, WORAN ICH DENKE.
JA.
…
WENN WIR GEWINNEN UND WEITER-KOMMEN, …
… WERDEN WIR AUCH WIEDER AUF DIE DATEKO TREFFEN.

DOTZ
TSAH!
...
DAS STIMMT.
...
JUNGS! SEID IHR NOCH DA?!
BAMM
!
ENTSCHULDIGT DIE VERSPÄTUNG! DIE KONFERENZ WOLLTE EINFACH KEIN ENDE NEHMEN ...
HAAH
HAAH
ABER ...
ER IST DA! DER TURNIERPLAN VOM INTER-HIGH!
DOMP
DOMP
DOMP
!

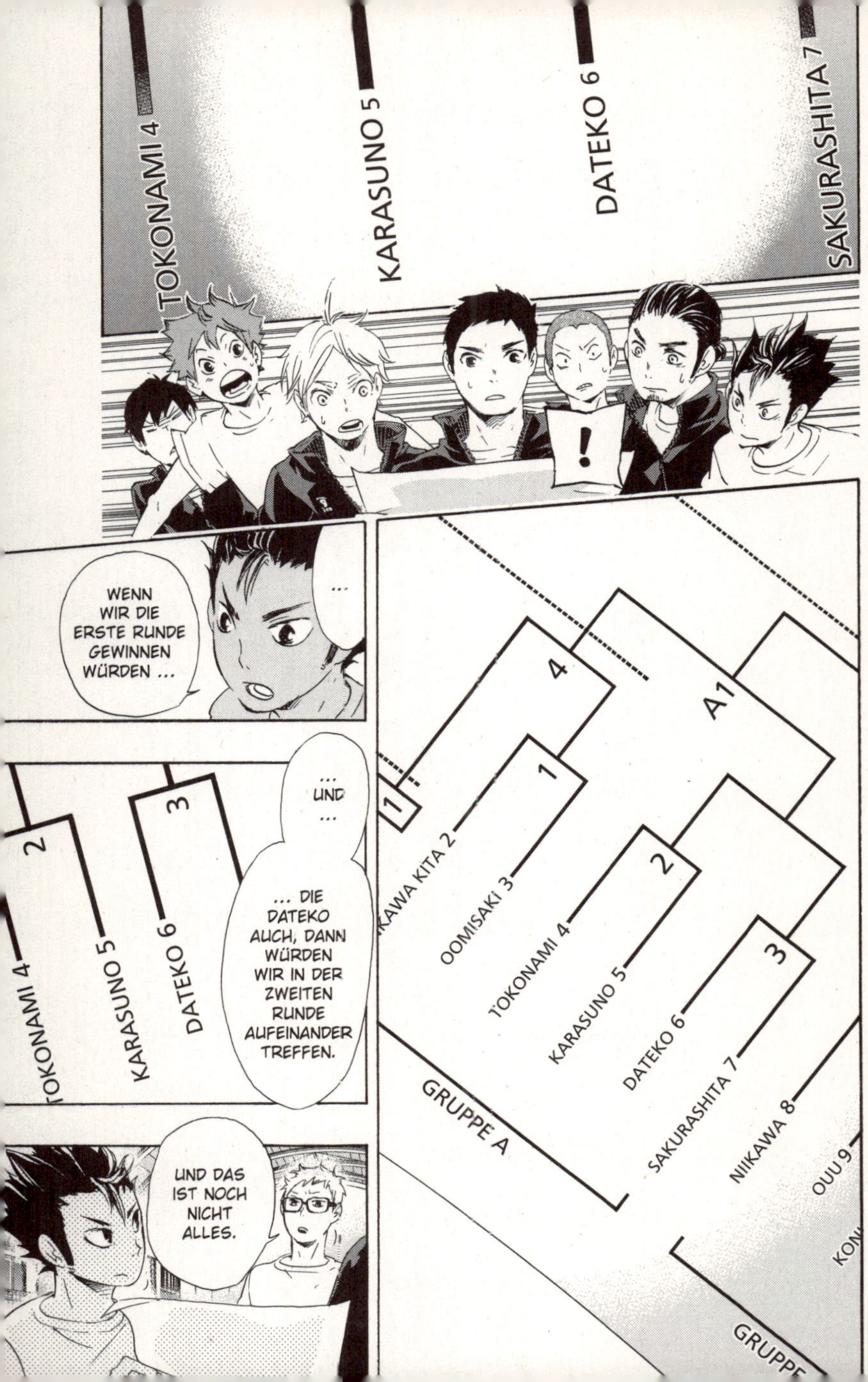
TOKONAMI 4
KARASUNO 5
DATEKO 6
SAKURASHITA 7
!
A1
4
1
1
2
3
OOMISAKI 3
TOKONAMI 4
KARASUNO 5
DATEKO 6
SAKURASHITA 7
NIKAWA 8
OUU 9
GRUPPE A
WENN WIR DIE ERSTE RUNDE GEWINNEN WÜRDEN ...
...
2
3
TOKONAMI 4
KARASUNO 5
DATEKO 6
... UND ...
... DIE DATEKO AUCH, DANN WÜRDEN WIR IN DER ZWEITEN RUNDE AUFEINANDER TREFFEN.
UND DAS IST NOCH NICHT ALLES.

DIE GESETZTE MANNSCHAFT IN UNSERER GRUPPE IST DIE ...
AOBA-JOHSAI 1
SENKAWA KITA 2
OOMISAKI 3
TOKONAMI 4
KARASUNO 5
DATEKO 6
... AOBA-JOHSAI!
BWÖRH.
ECHT JETZT?
„MAN KANN DIE DATEKO NUR ALS EINE EISERNE WAND BEZEICHNEN.“
„TORU OIKAWA, ANFÜHRER DER AOBA-JOHSAI-OBERSCHULE.“
...
SCHAUDER
HEY!
!
IEK
VERGESST NICHT, WAS ICH EUCH VORHIN GESAGT HABE!
WERDEN WIR NICHT.
KARASUNO 5
TOKONAMI 4

UND AN WELCHE OBER-SCHULE GEHST DU, DAICHI?
AN DIE KARA-SUNO.
HÄ? WOHIN?
NA, DIE SCHULE VON DEM FRÜH-JAHRS-TURNIER.
AAH!
UND DU, HAYATO?
AN DIE TOKONAMI.
DAS WAR'S DANN WOHL.
JA.
ABER ... WENN ICH AN DER SCHULE DANN WEITER VOLLEYBALL SPIELEN SOLLTE ...
TU DAS!
ALSO, ES GIBT JA AUCH SPIELE ZWISCHEN DEN SCHULEN ...
UND DANN KÖNNTE ICH ...
... DICH IN GRUND UND BODEN SPIELEN!
TRÄUM WEITER!
...
SOBA
BEEIL DICH, HAYATO! WIR GEHEN.
VOR UNS LIEGT DAS ERSTE SPIEL.
UND WIR WERDEN ES GEWINNEN!

WAS IST DENN MIT DEM LOS?
ER HAT SICH HINGELEGT UND MEINTE NUR, WIE KOMISCH ES SEI, DASS ER NICHT IN DER „VOLLEYBALL" ZU SEHEN IST.
AH, OKAY. DANN IST JA GUT.
VOLLEYBALL

KAPITEL 36: FLUGVORBEREITUNGEN

12-4
BRABBEL
BRABBEL
DAICHI! YUI WILL WAS VON DIR!
DAICHI!
YUI MICHIMIYA
KARASUNO OBERSCHULE, 12. KLASSE, VOLLEYBALL-KLUB DER MÄDCHEN, KAPITÄN
JAAA?
HIER IST DAS PROGRAMM VON DER ABSCHLUSS-FEIER DER SPORT-KLUBS. VOLLEYBALL IST FÜNFTER PROGRAMM-PUNKT.
HAST DU DIR SCHON GEDANKEN ÜBER DEINE ANSPRACHE GEMACHT?
DANKE.
NEIN, HAB ICH NICHT.
DAS IST SCHON BALD, ODER?
JA.
DAS JUNGS-TEAM IST ZIEMLICH ENT-SCHLOSS-SEN, ODER?
WIE HIESSEN DIE NOCH MAL, GEGEN DIE ES FRÜHER SO OFT TRAININGS-SPIELE GAB?
NEKOMA?
JA, GENAU! IHR SEID WIEDER GEGEN SIE ANGETRETEN, NICHT WAHR?

DIE MÄDCHEN TEILEN SICH DIE GERÄUMIGE ERSTE TURNHALLE MIT DEM BASKETBALL-KLUB
EINGANG
VB
BB
BÜHNE
ERSTE TURNHALLE
WIE LÄUFT'S BEI DEN MÄDCHEN? MAN BEKOMMT GAR NICHTS MEHR MIT, SEIT IHR IN DER ANDEREN TURNHALLE SEID.
BEI UNS LÄUFT'S ... NA JA ... ÄHM ... NORMAL ...
NACH WIE VOR KOMMEN NICHT SO VIELE ZUM MORGENTRAINING ... UND STRENGE ANSAGEN ZU MACHEN, IST JA AUCH NICHT GERADE MEINE STÄRKE ...
TJA ...
WIR WERDEN WOHL WIEDER IN DER ERSTEN RUNDE RAUS-FLIEGEN!
...
UAH
OH GOTT.
FRÜHER HAST DU IMMER GESAGT: „NÄCHSTES MAL WERDEN WIR GEWINNEN!“
...
SELBST WENN ...
... EIN GEGNER ...
... SO STARK IST, DASS MAN NIE UND NIMMER GEGEN IHN ANKOMMT ...
WENN MAN NICHT GEWINNEN WILL, ...
... WIRD MAN AUCH NICHT GEWINNEN.
ICH WOLLTE KEINE MORAL-PRE-DIGTEN HALTEN ...
OH, ACH ...
...
DA FÄLLT MIR EIN, DASS DU IN DER MITTELSCHULE WAS ÄHNLICHES GESAGT HAST. DU WARST SAUER.
WIR HATTEN IN EINEM TRAININGSSPIEL KURZ VORM TURNIER EINE MÄCHTIGE ABREIBUNG BEKOM-MEN UND ICH HATTE KEINE HOFFNUNG MEHR FÜR DAS RICHTIGE SPIEL.
„AUCH WENN MAN NICHT DAVON ÜBER-ZEUGT IST, ZU GEWINNEN, ...“
„... UND AUCH WENN ALLE ANDE-REN SAGEN, DASS DAS EIN DING DER UNMÖGLICHKEIT IST ...“
„WIR ...“

„WIR ALS KAPITÄNE ..."
„... DÜRFEN SO ETWAS NIEMALS AUS-SPRECHEN."
ZITAT ENDE.
!
ENT-SCHUL-DIGE!
VOR TURNIEREN DEN SCHWANZ EINZUZIEHEN, IST EINE SCHLECHTE ANGEWOHN-HEIT VON MIIIR!
UAAAAH
„WIR ALS KAPITÄNE DÜRFEN SO ETWAS NIEMALS AUS-SPRECHEN."
DAS HAB ICH WIRKLICH MAL GESAGT.
AUCH WENN ICH DAS GESAGT HABE, ...
?
... WIR SIND BEIDE KAPI-TÄNE.
EGAL, WAS DU MIR ERZÄHLST, ES WIRD UNTER UNS BLEIBEN.
!
HÖR DOCH AUF! DU BIST ZU GUT ZU MIR!
URH!
GOFF
PAFF
HRNAH!
?!
ZUCK
BZZ BZZ
OKAY! ES GEHT WIEDER!

ES …
… GEHT SCHON WIEDER.
DANKE.
NOCH ZWEI WOCHEN …
… BIS ZU DEN VORRUNDEN DES INTER-HIGH …
DOSCH
GUN-GUN JOGHURT
200ML
GRAPEFRUIT
…
WAS DENN? FREAK!
BSSST
KATONK
DIE GESETZTE MANNSCHAFT IN UNSERER GRUPPE IST DIE AOBA-JOHSAI.
„ICH MÖCHTE DIESES SCHEISS-NIEDLICHE KERLCHEN DA …"
„… IN EINEM OFFIZIELLEN WETTKAMPF UNTER ZUSPIELERN EHRLICH UND FAIR BESIEGEN."
„UND NÄCHSTES MAL WERDEN WIR GEWINNEN!"
…
WUSCH

...
?
Na? Worüber denkst du nach?
Bald ist das Turnier.
Ja.
Ein Turnier bringt immer so eine wild entschlossene „Auf in den Kampf!"-Stimmung mit sich.
Hrmm ... na ja ... hmm ...
Und dann ...
Dann kommt ...
... ein hübsches Mädchen zu mir und sagt ...
„Ich drücke dir für morgen die Daumen ...!"
Und nachdem sie das gesagt hat, gibt sie mir einen Glücksbringer oder so ...
... und damit werde ich noch entschlossener sein.
...
So stell ich mir das vor.
Ernste Miene
Wenn du weiter so ein Zeug redest, werde ich noch Stammspieler.
?!
Volleyball-Klub (Jungen)
12-3
„Man kann sie nur als eine eiserne Wand bezeichnen. Die Dateko."
„... und die Dateko auch, dann würden wir in der zweiten Runde aufeinandertreffen."
...
ASAHI!!!!
ZUCK
?!

WUSCH
LOS, AB!
ZUM KLUB!
WAS IST DENN JETZT ?!
ERZIEHT ER 'NEN HUND?
RAUN
RAUN
...
YU ...
IST DOCH ALLES IN ORDNUNG. ICH WERDE NICHT ABHAUEN.
STAPF
STAPF
ICH WEISS, DASS ALLE HINTER MIR STEHEN.
DIESES MAL WERDE ICH MIT ERHOBENEM KOPF SAGEN, ...
... DASS ICH DAS ASS ...
... DER KARASUNO BIN.
SAKANOSHITA
„DIE VORDEREN DREI WAREN LOCKVÖGEL! EIN HINTERFELD-ANGRIFF!"
...
SAKANOSHITA
FRISCH
ICH HÄTTE GERN MIRIN, KEISHIN.
UOA-AAH?!

OOOOH.
ENTSCHULDIGUNG, MEINE GUTE.
MIRIN, JA? BITTESCHÖN!
DOFF
TEK TEK
TEK
TEK
DAMM
SUPER!
DAMM
ASAHI?
JA?
HAST DU ...
... HINTERFELDANGRIFFE DRAUF?
?
NETZ
FEIERABEND!
OKAY!
NOCH EINE WOCHE BIS ZU DEN VORRUNDEN DES INTER-HIGH
HUAAAH
DU SIEHST MÜDE AUS, KEISHIN ...
IN LETZTER ZEIT BIST DU JEDEN TAG IMMER SCHON DA, WENN DER KLUB ANFÄNGT.
VERTRÄGT SICH DAS MIT DEINER ARBEIT?

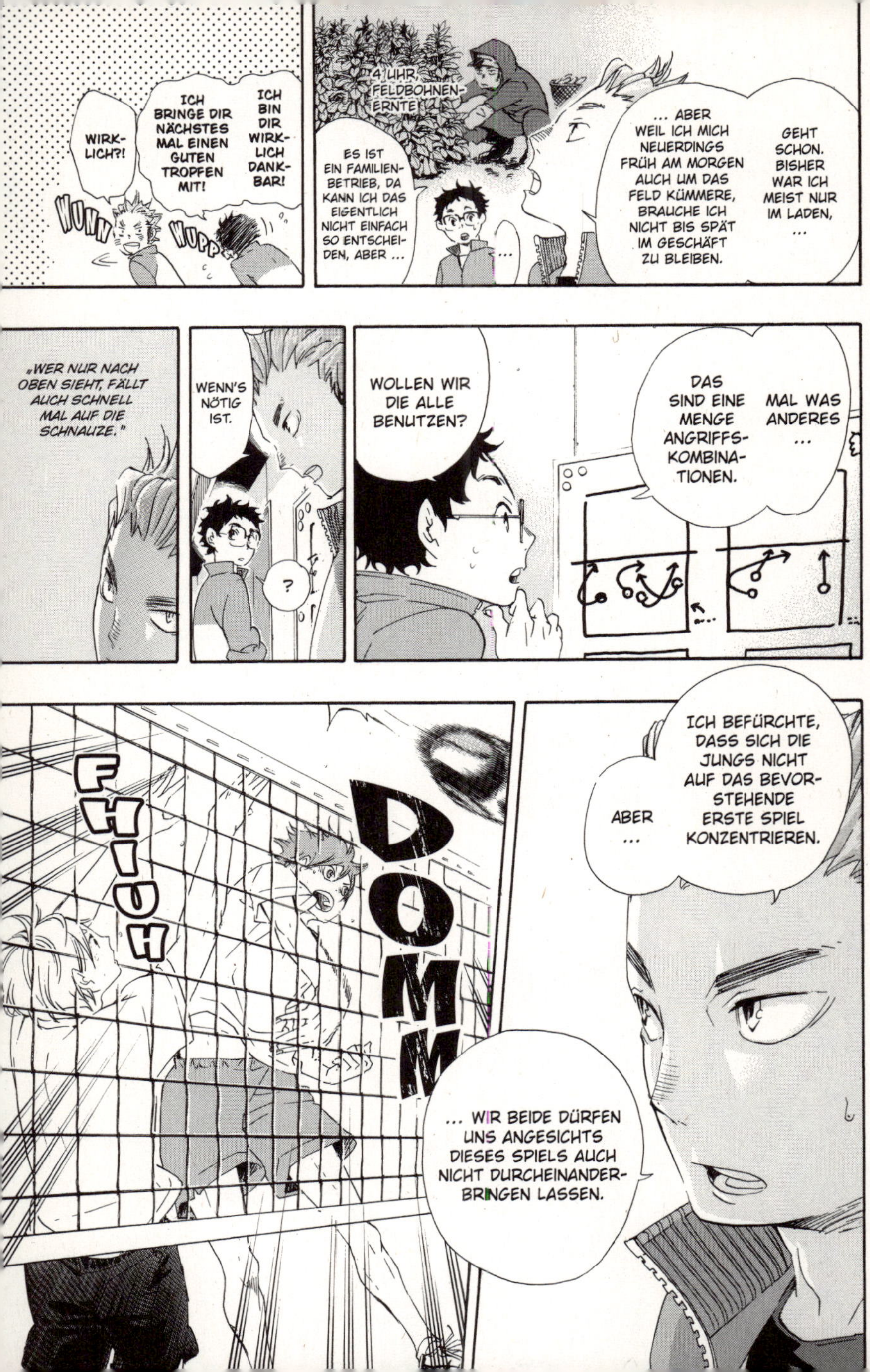
GEHT SCHON. BISHER WAR ICH MEIST NUR IM LADEN, ...
... ABER WEIL ICH MICH NEUERDINGS FRÜH AM MORGEN AUCH UM DAS FELD KÜMMERE, BRAUCHE ICH NICHT BIS SPÄT IM GESCHÄFT ZU BLEIBEN.
4 UHR, FELDBOHNENERNTE
...
ES IST EIN FAMILIENBETRIEB, DA KANN ICH DAS EIGENTLICH NICHT EINFACH SO ENTSCHEIDEN, ABER ...
ICH BIN DIR WIRKLICH DANKBAR!
ICH BRINGE DIR NÄCHSTES MAL EINEN GUTEN TROPFEN MIT!
WIRKLICH?!
WUNN
WUPP
MAL WAS ANDERES ...
DAS SIND EINE MENGE ANGRIFFSKOMBINATIONEN.
WOLLEN WIR DIE ALLE BENUTZEN?
WENN'S NÖTIG IST.
?
„WER NUR NACH OBEN SIEHT, FÄLLT AUCH SCHNELL MAL AUF DIE SCHNAUZE."
ICH BEFÜRCHTE, DASS SICH DIE JUNGS NICHT AUF DAS BEVORSTEHENDE ERSTE SPIEL KONZENTRIEREN.
ABER ...
... WIR BEIDE DÜRFEN UNS ANGESICHTS DIESES SPIELS AUCH NICHT DURCHEINANDERBRINGEN LASSEN.
DOMM
FHIUH

*MIT FLEISCH GEFÜLLTE TEIGTASCHEN

SUPERMARKT SHIMADA
SUPERMARKT SHIMADA
ÄHM ...
OH?!
ICH BIN TADASHI ...
... VOM VOLLEYBALL-KLUB DER KARASUNO.
AAH! DU KAMST MIR GLEICH IRGENDWIE BEKANNT VOR!
ÄÄHM ...
KÖNNEN SIE MIR VIELLEICHT ...
...
... BEIBRINGEN, WIE MAN EINEN SPRUNGFLATTER-AUFSCHLAG MACHT?
DRESSINGS UND SAUCEN
ANGEBOT!
AAAH ... DAS MEINT ER ...
TADAPP
IM SPIEL GEGEN SIE HABE ICH EINEN GEMACHT.
ABER SIND NICHT BALD DIE VORRUNDEN DES INTER-HIGH? WIE WILLST DU DAS BIS DAHIN SCHAFFEN?
...
MAYO
VIELLEICHT WERDE ICH ES BEIM NÄCHSTEN SPIEL NOCH NICHT KÖNNEN ... WENN ZWÖLFTKLÄSSLER DABEI SIND, IST ES FÜR EINEN AUS DER ZEHNTEN NORMALERWEISE UNMÖGLICH, AUFS FELD ZU KOMMEN.
ABER ...

... ICH MÖCHTE IN ZUKUNFT ...
... NICHT DER EINZIGE ZEHNTKLÄSSLER SEIN, DER BEI EINEM SPIEL NUR AUF DER ERSATZBANK SITZT.
TSUKISHIMA
„ENTSCHULDIGE, KEI. ICH HAB NOCH WAS VOR!"
„DIE QUALIFIKATION ZUR INTER-HIGH STEHT VOR DER TÜR."
„SEHT ZU, DASS IHR DURCHKOMMT!"
UND SO ...
NOCH EIN TAG ...
... BIS ZU DEN VORRUNDEN DES INTER-HIGH.
DAS WAR'S VON MEINER SEITE.
RUHT EUCH HEUTE GUT AUS.
JA-WOHL!
GUT! DANN WERDEN WIR ...
OH, WARTET! HABT IHR NOCH EINEN MOMENT ...

…
… FÜR KIYOKO?!
?
!
ANDERE ZU MOTIVIEREN … UND SO …
DAS IST NICHT GERADE MEINE STÄRKE.
?
?
KÖNNEN SIE KURZ, HERR TAKEDA?
NATÜRLICH!
?
HUFF.
UND HEPP.
HERR TAKEDA, ICH HÄTTE ES DOCH AUCH …
NEIN, NEIN, SCHON GUT!
WAS WIRD DENN DAS?
RASCHEL
RASCHEL
FRAPP
EINS UND …
?!

FLIEGT!
Klub der ehemaligen Karasuno-Volleyball-Spieler
!!!
Klub der ehemaligen Karasuno-Volleyball-Spieler
WO KOMMT DAS DENN HER?!

JAAA! ICH SPÜRE DEN KAMPF-GEIST RICHTIG ...
IEK
NOCH NICHT!
VIEL-LEICHT ...
?
... WAR SIE NOCH NICHT FERTIG.
...
?
...
DEN HABE ICH BEIM AUFRÄUMEN GEFUNDEN UND SAUBER GEMACHT.
UOAAAH! DAS SPORNT MICH TOTAL AN!
ERST-KLASSIGE ARBEIT, WIE WIR ES VON KIYOKO GE-WOHNT SIND!
VIE...
VIEH?

VIEL ERFOLG.
烏野高校 排球部

FLIRR
?!
HUH
KIYOKO! DAS WAR DAS ERSTE MAL, DASS SIE …
WUH
WUHU
HEUL
SOGAR DER KAPITÄN …?!
NGHN …! NGHN …! …!
DIE BEIDEN BEKOMMEN KEIN WORT RAUS …
SONST PLAPPERN SIE DOCH AUCH IMMER …
WUÄÄÄÄH! WÄÄÄÄH!
MEINE GÜTE, WAS SOLL DENN DAS? SIE KRIEGEN SICH GAR NICHT MEHR EIN.
MANN …
KNIRSCH
DIESE VOLLEY-PENNER!
JUNGS AUS EINEM SPORT-KLUB OHNE WEIBLICHEN MANAGER
DIE ERSTE RUNDE GEWINNEN WIR GARANTIERT!
JAAAAAAH!
GOAA
A
A
RH

AAAAH
OOO
UOO
常波
AM NÄCHSTEN TAG
ZWEITER JUNI
NATIONALE OBERSCHUL-SPORTMEISTERSCHAFTEN (KURZ: DAS INTER-HIGH)
VOLLEYBALL-TURNIER
KATSCHACK
VORRUNDEN DER PRÄFEKTUR MIYAGI
ZURR

ERSTER TAG
...

YUI MICHIMIYA

KARASUNO-OBERSCHULE, 12-1

VOLLEYBALL-KLUB DER MÄDCHEN, KAPITÄN
POSITION: AUSSENANGRIFF

GRÖSSE: 159,3 CM, GEWICHT: 51,0 KG
(STAND: 12. KLASSE, APRIL)

GEBURTSTAG: 1. AUGUST

LEIBGERICHT: REIS MIT FERMENTIERTEN SOJA-BOHNEN

AKTUELLE SORGE: MAN SAGT, SIE HÄTTE KRÄFTIGE OBERSCHENKEL.

PROFIL (SKALA 1 BIS 5)

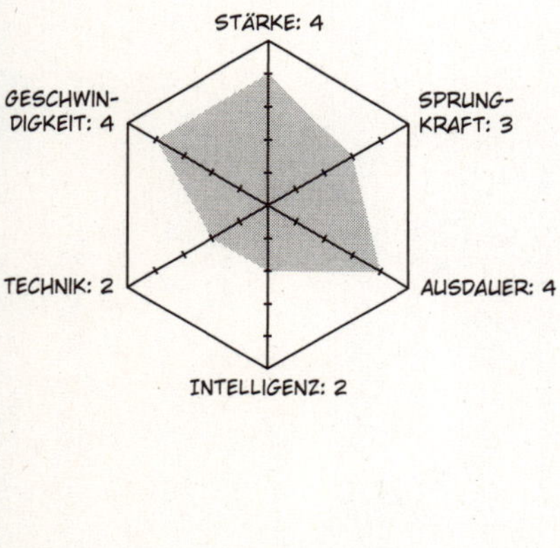

TSCHIEP
TSCHIEP
OH.
MORGEN.
KRTSCH
KAPITEL 37:
DER EINZUG
...
KRTSCH
...
KRTSCH
...
KRTSCH
HACH JA ...
KRTSCH
ES IST SO WEIT. UNSER LETZ...
SAG'S NICHT.
?!
WAS?

ERGRIFFEN
HACH JA.
ES IST SO WEIT. UNSER LETZTES INTER-HIGH …
HRNNNNH.
SEIT DER ZEHNTEN KLASSE IST VIEL PASSIERT, NICHT WAHR?
ASAHIS WUNSCHVORSTELLUNG
REST WURDE GEKÜRZT
VOLLTREFFER
IRGENDWIE SO ETWAS.
„HACH JA, ES IST SO WEIT. UNSER LETZTES INTER-HIGH …"
!
DU WOLLTEST GERADE MIT IRGENDEINEM SENTIMENTALEN QUATSCH ANFANGEN!
?!
ICH DACHTE GESTERN, DASS WIR AUS DER ZWÖLFTEN VOR UNSEREM LETZTEN INTER-HIGH NOCH EIN WENIG IN DEN STERNENHIMMEL SEHEN UND …
… EIN ANDÄCHTIGES GESPRÄCH FÜHREN UND UNSEREN KAMPFGEIST STÄRKEN ODER SO WAS. ABER IHR SEID EINFACH SCHNURSTRACKS NACH HAUSE GEGANGEN.
SO EIN GESPRÄCH IST SO GUT WIE EIN SCHLECHTES OMEN UND SOMIT TABU!
WARUM DENN? IST DOCH SCHÖN!
WIR GEWINNEN HEUTE DIE ERSTE UND DIE ZWEITE RUNDE UND MORGEN SIND WIR AUCH NOCH MIT DABEI.
DA BRAUCHEN WIR JETZT KEINE ANDÄCHTIGEN GESPRÄCHE ZU FÜHREN.
DAS SOLL NICHT HEISSEN, DASS WIR DANN MORGEN ANDÄCHTIGE GESPRÄCHE FÜHREN.
DENN MORGEN WERDEN WIR AUCH GEWINNEN.
DANK KIYOKOS ÜBERRASCHUNG IST UNSER KAMPFGEIST BEI 120 PROZENT.
FLIEGT!
HRM, NA JA …
STIMMT WOHL …

VOR UNS LIEGEN EINIGE SPIELE UND WIR WERDEN SIE GEWINNEN!
DAS IST DAS EINZIGE, WORAN ICH GERADE DENKE!
…
OKAY!
WIR VERLASSEN UNS AUF DICH. KLAR, ASS?!
!
GLÜH
OKAY …!
IST IRGENDWIE UNHEIMLICH, WENN DAICHI SO NETT IST.
FLÜSTER
LIEGT DAS VIELLEICHT AM WETTER?
DANN SOLL ICH ALSO LIEBER STRENG SEIN?
WUPP
!
SWT
KSCHACK
ERSTER! ICH BIN ERSTER!
KRT
KRT
DO
DO
DO
DO
BROAR

DO
DO
DO
DOMM
?!
UARH!
WUAAAAH!
DO
DO
DO
DO
DO
DOMM
ARGH!
KEUCH.
HAAH.
KEUCH.
HAAH.
HÖRH.
DAS MACHT …
KEUCH.
HAAH.
GUHÖRH.
… EINUND-DREISSIG SIEGE, DREISSIG NIEDERLAGEN UND EIN UNENT-SCHIEDEN.
GÖÖRGH.
URRNGH.
…
NEIN …
GUARH
NATÜR-LICH!
DAS IST MEIN AUFHOL-SIEG!

ICH HABE ...
... DREISSIG-MAL GEWONNEN ...
... UND ZWEIUND-DREISSIGMAL VERLOREN.
?
LETZTES JAHR UM DIESE ZEIT ...
... HABE ICH GEGEN DICH VERLOREN.
*KITAGAWA DAIICHI
HAUSHOCH VERLOREN.

YUKIGAOKA
KITAGAWA DAIICHI
25 2 0 8
DU DA! WENN DU DER „KÖNIG" BIST, DER DAS SPIELFELD REGIERT, …

ICH WERDE DICH BESIEGEN, ...
... DAS STEHT FEST!
AUCH WENN ES ZEHN ODER ZWANZIG JAHRE DAUERN SOLLTE ...
ES STEHT FEST!
... DANN BIN ICH ES, DER DICH BESIEGEN ...
... UND AM ENDE ALS LETZTER AUF DEM SPIELFELD STEHEN WIRD!
KARASUNO HIGH SCHOOL

!
SOLL DAS HEISSEN, DASS WIR BEIDE UNS AUCH IN ZUKUNFT DAS REVIER TEILEN WERDEN?
JA.
GENAU.
AN DER SPITZE JAPANS ...
... ODER DER WELT!
DER WELT ...!
BADOMM
...
N...
NA, LOGISCH!
ÜBRIGENS BIN ICH KEIN KÖNIG.
GNNNH
KAPIERT! ICH HAB'S JA KAPIERT!
GIEAARH!
!
OOOH, DIE GROSSE, WEITE WELT!
KRTSCH
HALLO!
ABER DAFÜR MÜSSEN WIR ZUERST ...
... DIE ERSTE RUNDE IN DER PRÄFEKTUR-VORRUNDE ...
... ZWISCHEN DEN SECHS PRÄFEKTUREN ...
... IM NORDOSTEN JAPANS GEWINNEN, NICHT WAHR?
GUTEN MORGEN!

WIR ZÄHLEN AUF EUCH, FREAK-TEAM!
HALLO, JUNGS!
!
OKAY!
烏野高校
排球部
FREAK-TEAM?
ALSO LOS! HABT IHR AUCH NICHTS VERGESSEN? WIR FAHREN!
KANN LOS-GEHEN.
AUF GEHT'S!
SHOYO!
HIER!
HEUTE IST FÜR ALLES GESORGT!
DU KANNST KOTZEN, SO VIEL DU WILLST!
KOTZTÜTE
...
MIT FREUNDLICHER UNTERSTÜTZUNG DES SENDAI CITY GYMNASIUMS
仙台市体育館
Sendai City Gymnasium

AUSTRAGUNGSORT DER INTER-HIGH-VORRUNDEN DER GRUPPEN A UND B SOWIE DES FINALES DER PRÄFEKTUR MIYAGI
RAUN
RAUN
WAS SIND DAS WOHL FÜR WELCHE, DIE VON DER KARASUNO? HOFFENTLICH SIND DAS NICHT SOLCHE RIESEN.
MACH DIR KEINEN KOPF. DU HAST DOCH GEHÖRT, DASS SIE IN LETZTER ZEIT NICHT SO TOLL SIND.
常波
STAPF
STAPF
ES IST ZIEMLICH SICHER, DASS DIE SHIRATORI-ZAWA ES MACHT, ODER?
NA JA, DIE AOBA-JOHSAI SOLL DIESES JAHR SEHR GEFÄHRLICH SEIN.
SEITDEM TORU IN DER ZWÖLFTEN IST, HABEN SIE WOHL GANZ SCHÖN ZUGELEGT.
UND IHR ZUWACHS AUS DER ZEHNTEN SOLL AUCH RICHTIG GUT SEIN.
NA JA ... ABER GEGEN DEN BLOCK DER DATEKO WERDEN SIE JA WOHL AUCH KEINE CHANCE HABEN, ODER?
WARUM AUSGERECH-NET DIESE GRUPPE? VERDAMMT!
大岬高校 バレーボール部
大岬高校
*OOMISAKI-OBERSCHULE, VOLLEYBALL-KLUB
AAALSO, DANN SIND IN GRUPPE A NOCH ...

KARASUNO
ÖH … KRASS… KRAS-SUNO?
HEISSEN DIE NICHT KARASUNO?
KARASUNO? KENNST DU DIE?
STAPF
STAPF
STAPF
SIND DIE NICHT MAL ZIEMLICH STARK GEWESEN?
STAPF
GEWESEN.
STAPF
TURNHALLE
烏野高校
排球部
JETZT HABEN SIE EINEN UNCOOLEN SPITZNAMEN.
STAPF
OH.
STAPF
ECHT? WELCHEN DENN?
!
WENN ICH MICH NICHT IRRE, …
…

... DIE GEFALLENEN FAVORITEN, ...
HEY. OH MANN. MIST ...
HÄ?
SIE SIND HIER! DIE KARASUNO!
?!
LUG
OHNE FLÜGEL? WER DENN? HM?
ZUCK
MENSCH! WIR GEHEN. SORRY ...
ZUCK
ZUCK
GRAPP
SCHON GUT.
ACH ...

... DIE KRÄHEN OHNE FLÜGEL.
SUCH NICHT GLEICH STREIT!
ÄHM ...
GANZ SCHÖN DÜS-TER ...
STAPF
STAPF
DIESER TYP, DER GAR NICHT WIE EIN SCHÜLER AUSSIEHT, SPIELT AUCH BEI DENEN?
OH! DAS IST ER DOCH!
IST DAS ETWA ...?!
?!

ZUCK
ASAHI VON DER ...
... KARASUNO!
GUAAH
HÄ? WAS? WER?
LOS! ZEIG'S IHNEN!
ER HAT EINEN TYPEN VON DER KITA-OBERSCHULE VON SEINEN LEUTEN ZUSAMMENSCHLAGEN LASSEN ...
IN WIRKLICHKEIT WAR ES SO ...
EIN STREIT! WIR MÜSSEN DIE POLIZEI RUFEN!
UND AUF DER STRASSE HAT ER IRGENDEIN ZEUG VERKAUFT ...
FÜNFHUNDERT UND ES GEHÖRT DIR.
IN WIRKLICHKEIT WAR ES SO ...
OH, JA ... DANKE.
ZUCK
SIE HABEN ETWAS VERLOREN.
ER IST FÜNFMAL SITZENGEBLIEBEN ...
WAAAS?! DANN IST ER JA EIN ERWACHSENER!
HNNNNUGH.
ZWEITE HALLE
TRAININGSRAUM
TUSCHEL
TUSCHEL
ASAHI AZUMANE
EIN SIEBZEHNJÄHRIGER IN VOLLER BLÜTE (UND MIT EINEM HERZ AUS GLAS)
KOMM SCHON, IST DOCH IMMER DAS GLEICHE.
DAS LIEGT AN DEINEM AUSSEHEN.
!

*MIT ALLEN WASSERN GEWASCHEN

LASST ... DAS!
SAG MAL, ...
DER KLEINE TYP DA ...
KIYOKO HAT MIR ... EINE RUNTERGEHAUEN.
AUCH HEUTE GEBE ICH ALLES!
STRAHL
IST DAS NICHT YU VON DER CHIDORI-YAMA?
BEIM TURNIER DER MITTEL-SCHULEN HAT ER DEN PREIS FÜR DEN BESTEN LIBERO BEKOMMEN.
WAS?! IST DAS WAHR?
ABER ES GEHT NOCH WEITER ...
RAUUN
HEY, DAS IST ER, ODER?
STAPF
DER GENIALE ZUSPIELER VON DER ...
... KITAGAWA DAIICHI?!
DER KÖNIG DES SPIEL-FELDS!

GLOTZ
PRIFF
UAH?!
WAS MACHT ER DENN AN DER KARA-SUNO?
TJAA ...
IN DER MITTELSCHULE HATTE DER TYP JA KEINEN SONDERLICH GUTEN RUF ...
HRM, STIMMT.
UND DER DA?!
IST DER KLEINE KERL DA AUCH IRGENDWAS BESONDERES?
...
DER GRÖSSE NACH IST ER BESTIMMT AUCH LIBERO!
TJA ... WAS DEN ANGEHT ...
KEINE AHNUNG.
WUNN
WUNN
UOAAAAH!
SIND DAS VIELE LEUTE!
RAUN
RAUN
DIE HALLE IST RIESIG!
IEK
IEK
IEK
UND DANN ...
SNIFF
SNIFF

... DER GERUCH VON AIR SALON-PAS*!
*SCHMERZLINDERNDES SPRAY
WAS REDEST DU DENN DA?
SCHNIFF SCHNIFF
DAS RIECHT RICHTIG NACH TURNIER!
ICH WEISS, WAS DU MEINST!
UAH, SIE SIND AUCH HIER ...
MANN, SIND DIE GROSS.
!
IEK
伊達工業
IEK
!
伊達工業

DAS IST DIE DATEKO!

HAYATO IKEJIRI

TOKONAMI-OBERSCHULE, 12-1

POSITION: AUSSENANGRIFF

GRÖSSE: 177,2 CM, GEWICHT: 67,5 KG
(STAND: 12. KLASSE, APRIL)

GEBURTSTAG: 19. FEBRUAR

LEIBGERICHT: SOBA-OMELETT

AKTUELLE SORGE: DIE ZUKUNFT
UND SO …

PROFIL (SKALA 1 BIS 5)

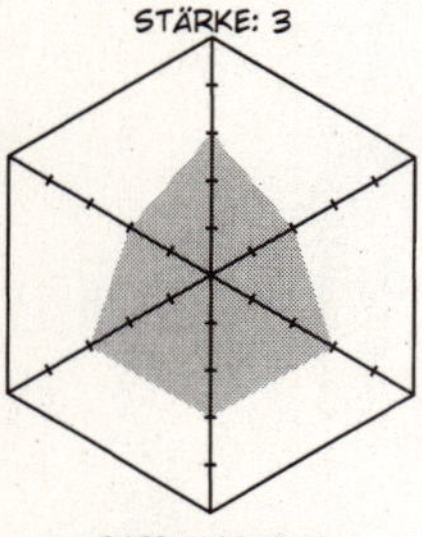

KAPITEL 38:
WARM-UP
ER HAT KEINE AUGEN-BRAUEN!
BR
RR

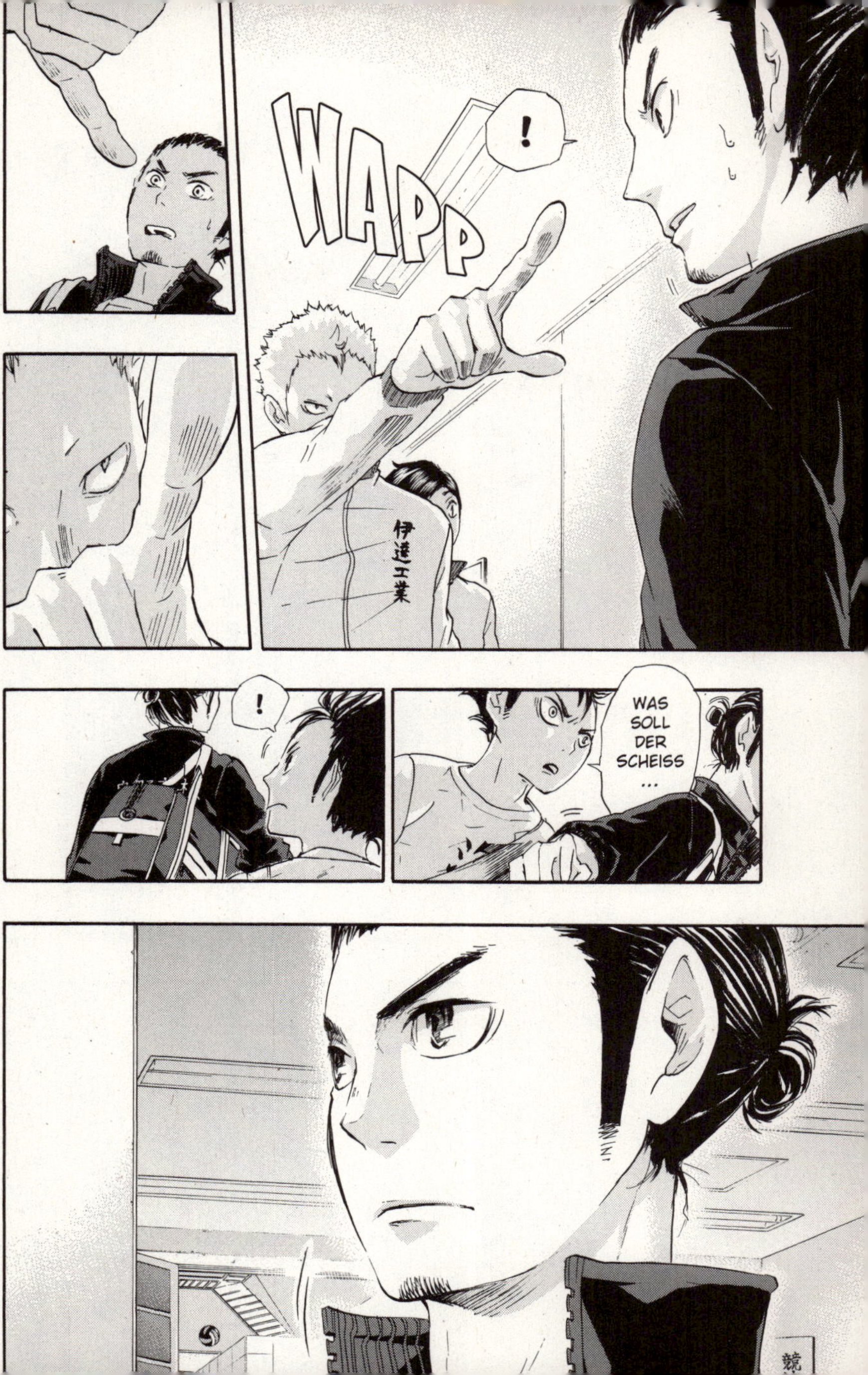
!
WAPP
伊達工業
!
WAS SOLL DER SCHEISS ...
競

HEY!
HEY, HEY, HEY! AUF…
AUF-HÖREN!
KANAME MONIWA
DATEKO, 12. KLASSE, VOLLEYBALL-KLUB, KAPITÄN
伊達工業
ENT-SCHULDI-GUNG! ES TUT MIR LEID!
GNNNH
MACHT NICHTS …
HEY, KENJI. HILF MIR.
GNNNH
OKAY.

ALSO …
…
SCHUBS SCHUBS
SORRY, DAS IST SO EINE MACKE VON IHM. WENN ER EIN ASS SIEHT, MUSS ER ES INS VISIER NEHMEN …
… MACH DICH AUCH DIESES MAL DARAUF GEFASST.
TAKANOBU AONE
DATEKO, 11. KLASSE, VOLLEYBALL-KLUB
KENJI FUTAKUCHI
DATEKO, 11. KLASSE, VOLLEYBALL-KLUB
ASAHI.
DU HAST SEINEM BLICK GUT STAND-GEHALTEN.
HASP
SPLOOSH
…
HAB ICH EINEN SCHRECK BEKOMMEN …

WARUM BIST DU AUSSERHALB DES SPIELFELDS NUR SO FEIGE?!
YU! NICHT SO DIREKT!
DER MEINTE DAS ERNST ...
SÜD-WEST-TRIBÜNE
NORD-TRIBÜNE
OST-B
RAUN
RAUN
SCHLOTTER
SCHLOTTER
HEY!
JETZT SAG NICHT, DASS DU WIEDER BAUCHSCHMERZEN HAST.
D...
DAS ...
DAS IST ...
... LAMMFIEBER ...!
WIE BITTE?!
HEISST DAS NICHT LAMPENFIEBER?!
HIUNN
ACH WAS, DU ZITTERST DOCH WIE IMMER.
SAG BLOSS, DU HAST DIR BEI DER DATEKO EBEN IN DIE HOSEN GEMACHT?
HRM HRM

D... DAS IST ÜBERHAUPT NICHT GAR NICHT WAHR!
WAS DENN NUN?
...
VERDAMMT ... SHOYO HAT SICH WIEDER EINSCHÜCHTERN LASSEN.
ALLES KL... AAH!
DOMM
UFF!
GNH.
?!
DOTZ
AUSZEIT
BERUHIGE DICH ERST MAL, JA?
WENN DAS WIEDER SO LÄUFT WIE GEGEN DIE SEIJOH, HABEN WIR EIN PROBLEM.
DU BIST ZWAR AUCH EIN ANGSTHASE, ABER SO EIN SCHISSER WIE ER BIST DU NICHT.
ANGSTHASE ...
ES GIBT DA EINEN WEG, WIE MAN SICH VON DER ANSPANNUNG ABLENKEN KANN.
?
ERINNERE DICH AN DAS SCHLIMMSTE, WAS DIR BISHER PASSIERT IST.
DAS SCHLIMMSTE, ...
... WAS MIR BISHER PASSIERT IST ...
MATHE 4 PUNKTE
WENN DAS WIRKLICH DAS SCHLIMMSTE IST, ...
... KANN ALLES ANDERE, WAS JETZT NOCH KOMMT, GAR NICHT SO SCHLIMM SEIN ...
... UND DU KANNST ES GELASSENER SEHEN.

PATT
SPLOSSH
OH!
?
...
SHOYO?
ACH.
IST SCHON OKAY.
HEY, WAS IST LOS?
WENN DU WEISST, WIE MAN MIT SO WAS UMGEHT, WARUM HAT DICH DAS SPIEL GEGEN DIE DATEKO DANN SO RUNTERGERISSEN?
ÖH ...
UND WIEDER STREUST DU PFEFFER UND SALZ IN SEINE WUNDEN!
ICH HATTE KEINE ZEIT, MIR ETWAS VORZUSTELLEN ...
UM MIR ETWAS VORZUSTELLEN, BRAUCHE ICH ZEIT UND KONZENTRATION UND SO.
WAS FÜR EIN STRESS.
SO. SEID IHR BEREIT?
IEK

DAS IST UNSER ERSTES SPIEL.
WIR SOLLTEN UNS LANGSAM AUF-WÄRMEN.
ES IST SO WEIT ...
OKAY!
EIN OFFIZIELLES SPIEL!
DAICHI!
IST LANGE HER.

HAYATO! LANGE NICHT GESEHEN!
OOH.
ENTSCHULDIGE. ICH KOMME GLEICH NACH.
OKAY!
?
... BIST DU GEWACHSEN ...
MEINST DU? WIR SIND DOCH FAST GLEICH GROSS.
IRGENDWIE ...
?
...
HASP
IN DER BREITE?
NEIIIN!
DAS MEIN ICH NICHT.
ICH HABE DICH VORHIN SCHON AM EINGANG GESEHEN, ABER IHR WART SO UNTER STROM, DA HABE ICH DICH NICHT ANGESPROCHEN.
WAS SOLL DAS DENN HEISSEN?
EIN PAAR UNSERER JUNGS WIRKEN VIELLEICHT SO, ALS STÜNDEN SIE UNTER STROM.
IEK
IEK
NEIN ... IHR SAHT WAHNSINNIG STARK AUS.
DU AUCH.
ECHT?
IEK
IEK
SEIN AUFTRETEN IST ANDERS.
SEINE ENERGIE IST EINE ANDERE.
WOMÖGLICH TRAINIERT ER AUCH ANDERS.

NA JA, ALLE HALTEN UNS FÜR SCHWÄCH-LINGE, DAHER VIELLEICHT …
!
…
ZAPP
HAYA…
?!
WAS IST DENN?
ACH …
MIR IST NUR …
… GERADE ETWAS AUS UNSERER ZEIT AN DER MITTEL-SCHULE EIN-GEFALLEN.
*CHIDORIYAMA
**IZUMIKAN
WENN MAN SICH AM NETZ GEGENÜBERSTEHT, SPIELT ES KEINE ROLLE, AUF WELCHEM TABELLENPLATZ DER GEGNER IST.
UNSERE GEGNER SIND MITTEL-SCHÜLER, GENAU WIE WIR.
ES GIBT KEINEN GRUND, WESWEGEN WIR NICHT GEWINNEN SOLLTEN!

BEIM LETZTEN TURNIER AN DER MITTELSCHULE ...
... HATTEN WIR MIT GLÜCK ZUM ERSTEN MAL DIE ERSTE RUNDE GEWONNEN.
ABER IN DER ZWEITEN RUNDE WAR UNSER GEGNER EINE STARKE SCHULE, GEGEN DIE WIR ABSOLUT KEINE CHANCE HATTEN.
WIR HÄTTEN ALLE AM LIEBSTEN AUFGEGEBEN UND DANN HAST DU ZU UNS GESAGT ...
WENN MAN NICHT GEWINNEN WILL, ...
... WIRD MAN AUCH NICHT GEWINNEN!
!
DU VERLIERST NIE DEN MUT, WAS, DAICHI?
DAS WERDE ICH NIEMALS! DAS IST UNSER LETZTES TURNIER!
UNSERE GEGNER SIND MITTELSCHÜLER, GENAU WIE WIR, STIMMT'S?!
UND ES IST DAS ERSTE MAL, DASS WIR DIE ERSTE RUNDE GEWONNEN HABEN!
JAAA! DANN LASST UNS AUCH DIE ZWEITE GEWINNEN!
TROTZDEM ...
... KONNTEN WIR NICHT PLÖTZLICH STARK SEIN.
WIR WAREN EINDEUTIG SCHLECHTER ...
... UND WIR VERLOREN UNSEREN KAMPFGEIST.

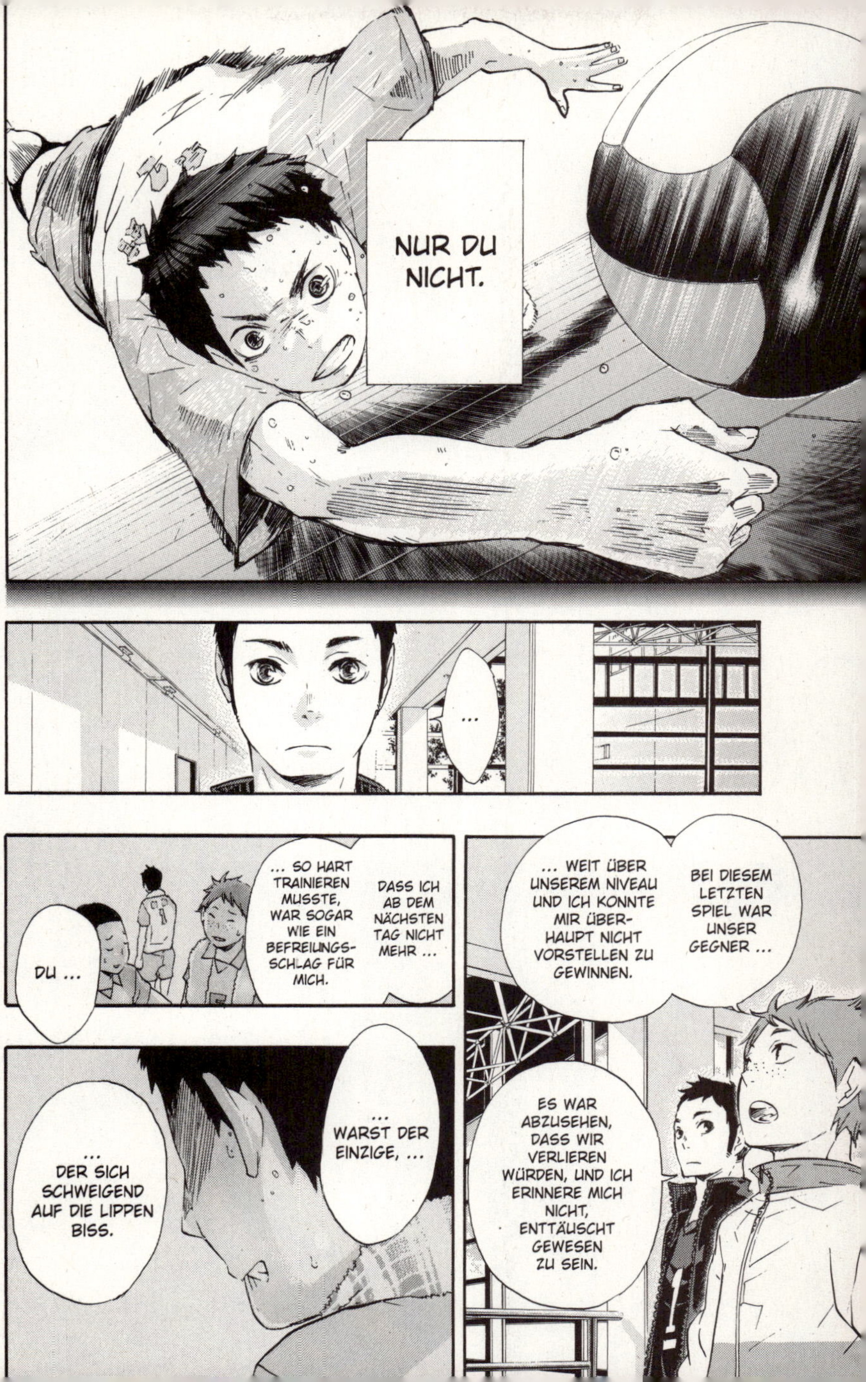
NUR DU NICHT.
…
BEI DIESEM LETZTEN SPIEL WAR UNSER GEGNER …
… WEIT ÜBER UNSEREM NIVEAU UND ICH KONNTE MIR ÜBER-HAUPT NICHT VORSTELLEN ZU GEWINNEN.
ES WAR ABZUSEHEN, DASS WIR VERLIEREN WÜRDEN, UND ICH ERINNERE MICH NICHT, ENTTÄUSCHT GEWESEN ZU SEIN.
DASS ICH AB DEM NÄCHSTEN TAG NICHT MEHR …
… SO HART TRAINIEREN MUSSTE, WAR SOGAR WIE EIN BEFREIUNGS-SCHLAG FÜR MICH.
DU …
… WARST DER EINZIGE, …
… DER SICH SCHWEIGEND AUF DIE LIPPEN BISS.

...
NUR DU HAST SO GELITTEN.
UND IRGENDWIE ...
... WAR ICH ...
... EIN BISSCHEN NEIDISCH AUF DICH.
DARUM NEHME ICH DAS, WAS ICH EBEN GESAGT HABE, ZURÜCK!
?!
ES SPIELT KEINE ROLLE, OB MAN SCHWACH ODER STARK IST ODER ES MAL WAR, ...
... WENN MAN SICH AM NETZ GEGENÜBERSTEHT.
WIR WERDEN EUCH IN GRUND UND BODEN SPIELEN!
!
TRÄUM WEITER!

UOAAAH!
SO VIEL PLATZ!
DIE IST GIGANTISCH!
OOOHEY!
IEK
IEK
OOOHEY!
OOOHEY!
IEK
LAUFEN!
HEY, MACH DIR NICHT INS HEMD.
HRNARH?! SELBER!
NEIN, DU! DAS SIEHT DOCH JEDER!
S...
SEI NICHT SO GEMEIN ...

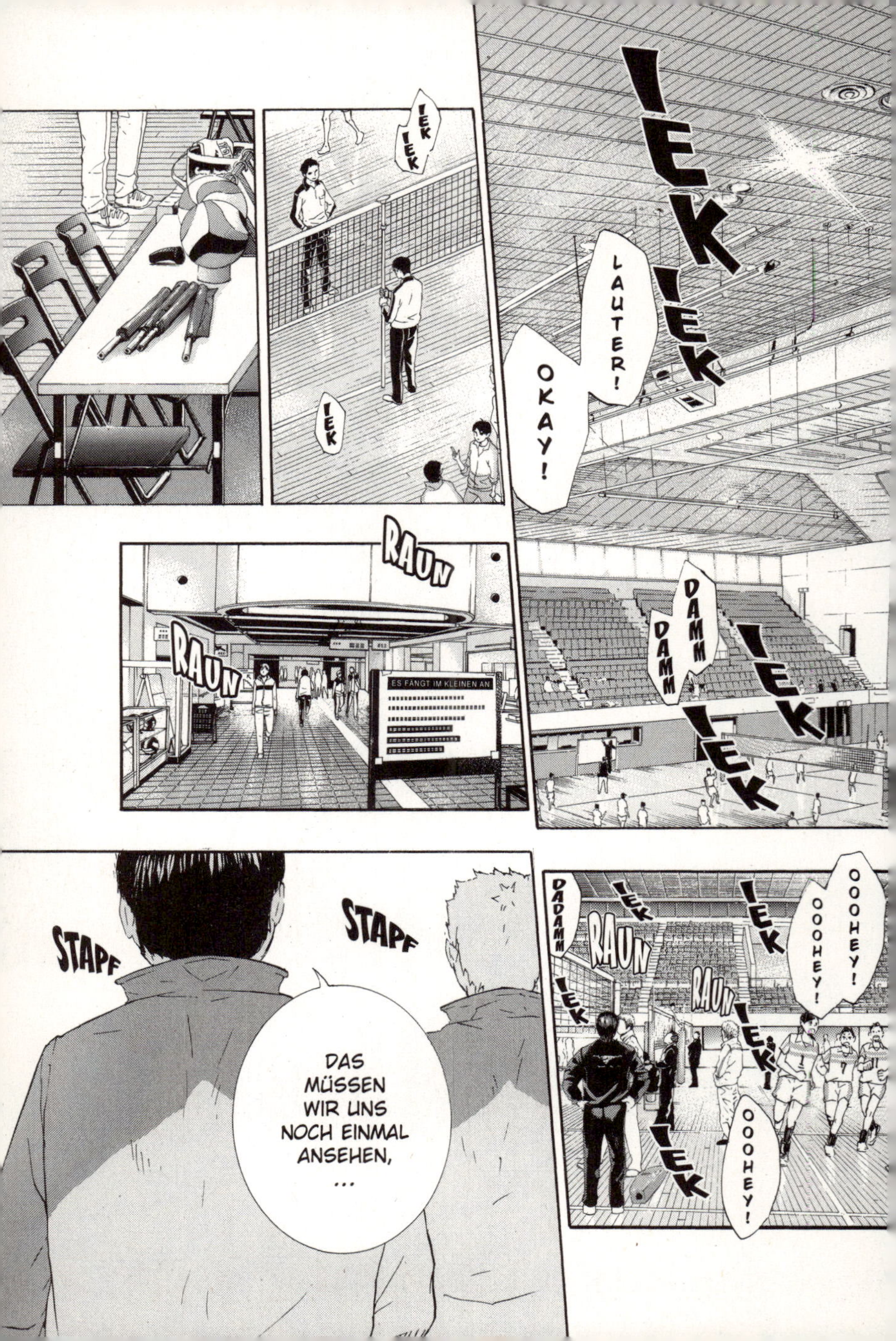
IEK
IEK
IEK
LAUTER!
OKAY!
IEK IEK
IEK
DAMM
DAMM
IEK
IEK
RAUN
RAUN
ES FÄNGT IM KLEINEN AN
OOOHEY!
OOOHEY!
IEK
IEK
RAUN
DADAMM
IEK
RAUN
IEK
IEK
OOOHEY!
STAPF
STAPF
DAS MÜSSEN WIR UNS NOCH EINMAL ANSEHEN, ...

… DIESEN WUCHTIGEN SCHNELLANGRIFF VON DIESER ZEHNTKLÄSSLER-KOMBI.
JA.
NOBUTERU IRIHATA
AOBA-JOHSAI-OBERSCHULE, VOLLEYBALL-KLUB, TRAINER
HAJIME IWAIZUMI
AOBA-JOHSAI-OBERSCHULE, 12. KLASSE, VOLLEYBALL-KLUB, VIZE-KAPITÄN
YUTARO KINDAICHI
AOBA-JOHSAI-OBERSCHULE, 10. KLASSE, VOLLEYBALL-KLUB
?
WAS TREIBT TORU?
ÖH.
ÄÄHM …
WAS IST?
DRAUS-SEN …
… HABEN IHN DIE MÄDCHEN VON ANDEREN SCHULEN IN BESCHLAG GENOMMEN …
…
HAJIME …
OKAY.

WIE? EIN FOTO?
ABER SELBST-VER-STÄND…
TORU OIKAWA
AOBA-JOHSAI-OBERSCHULE, 12. KLASSE, VOLLEYBALL-KLUB, KAPITÄN
… LICH
BADOTZ
KYA-AAH!
TOOO-RUUU?!
FAPP
FHIUH
TOOORU?!
TOOORU?!
AUUU!
DAS HAT NOCH NICHT MAL DER TRAINER GEMACHT!
!
WUTT
ENT-SCHUL-DIGT MICH …
WIR MACHEN DIE FOTOS SPÄTER, JA?
OOOCH.

25 MINUTEN VOR BEGINN DES ERSTEN SPIELS
IEK
IEK
IEK
IEK
IEK
OOOHEY!
OOOHEY!
DAMM
IEK IEK
IEK IEK IEK
STAPF
STAPF
HA!
SCHALOTTEN-KOPF!
?
WEN MEINT DER MIT SCHALOTTEN-KOPF?
AUSSER DIR SEHE ICH KEINEN.
NARH?!
PFFRT
UND ...
HUHU, TOBIO UND WICHTELCHEN!

WIE GEHT'S DENN MEINER KAUZIGEN KOMBO?
DER GROSSE KÖNIG!
HEY! DA!
DIE AOBA-JOHSAI.
!

HAJIME IWAIZUMI

AOBA-JOHSAI -OBERSCHULE, 12-5

VOLLEYBALL-KLUB, VIZE-KAPITÄN
POSITION: AUSSENANGRIFF

GRÖSSE: 179,3 CM, GEWICHT: 70,2 KG
(STAND: 12. KLASSE, APRIL)

GEBURTSTAG: 10. JUNI

LEIBGERICHT: FRITTIERTER TOFU

AKTUELLE SORGE: NUR NOCH EIN ZENTIMETER, ODER WENIGSTENS SIEBEN MILLIMETER!

PROFIL (SKALA 1 BIS 5)

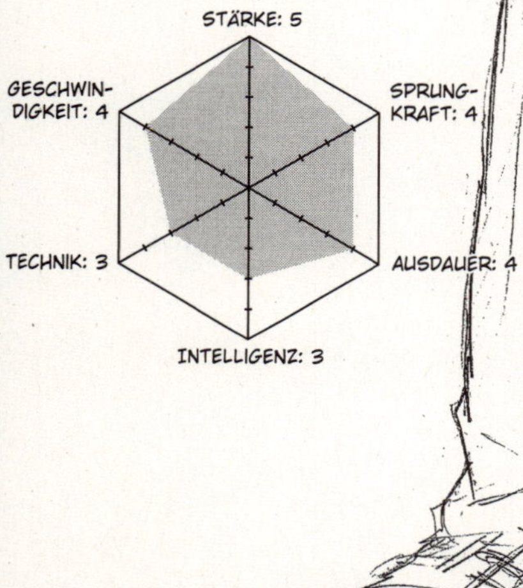

UAH!
...
?
SIE HABEN JA EINEN LIBERO.
BEIM TRAININGS-SPIEL HATTEN SIE NOCH KEINEN ...
EINEN RIESIGEN TYPEN HABEN SIE JETZT IRGENDWIE AUCH NOCH ...
KAPITEL 39: AUFERSTEHUNG
SIEH AN ...
SIE HABEN ...
... EINEN NEUEN TRAINER, WIE ES AUSSIEHT.
MACH DIR NICHT INS HEMD, SHOYO!
UIEAH.
DIE KAPITÄNE!

IEK
IEK
IEK
A...
AUF EIN FAIRES SPIEL.
AUF EIN FAIRES SPIEL.
NEUE SPIELER UND EIN NEUER TRAINER ...
ICH BIN GESPANNT, WIE SICH DIE KARASUNO ...
... ENTWICKELT HAT.
PFÜÜÜT
10 MINUTEN BIS SPIELBEGINN, START DES OFFIZIELLEN WARM-UPS
IEK
NOCH MAL!
OOOHEY!
IEK
DAMM
KLASSE!
IEK
GUT GESPIELT!
NÄCHSTER!
IEK
IEK
OOOHEY!
OOOOHEY!
DAMM
RAUN
RAUN
IEK
BRABBEL
BRABBEL
IEK IEK
IEK
TOMM
TOMM
TOMM
TOMM
IEK
DAMM
DAMM
DAMM
DAMM
DAMM
OOOHEY
IEK
...
KRIEK
IEK
OOOHEY!
IEK
PFÜÜÜT
4 MINUTEN BIS SPIELBEGINN, ENDE DES WARM-UPS
SAMMELN!
BABUMM
!!!

SHUNN
IEK
IEK
AUF-
STELLEN!
IEK
IEK
IEK
IEK
IEK
BABUMM
BABUMM
BABUMM
常波
波
BABUMM
BABUMM
BABUMM
SPORTHALLE DER NIIYAMA-OBERSCHULE, AUSTRAGUNGSORT DER SPIELE DER GRUPPEN E UND F DER JUNGEN
白鳥沢学園
バレーボール部
SPORTHALLE DER STADT SHIRATORI, AUSTRAGUNGSORT DER SPIELE DER GRUPPEN I UND J DER JUNGEN
KARASUNO
KARASUNO
GEMEINSCHAFTS-SPORTHALLE VON KOMAYAMA, AUSTRAGUNGSORT DER SPIELE DER GRUPPEN M UND N DER MÄDCHEN

BABUMM
PFÜÜÜT
AUF EIN FAIRES …
ENTSCHEIDUNGSSPIEL UM DEN VERTRETER DER PÄFEKTUR MIYAGI
VORRUNDEN VON MIYAGI FÜR DAS INTER-HIGH, ANPFIFF
烏野
烏野

... SPIEL!
DATEKO!
GO, GO! GO, GO! LET'S GO!
GO, GO! GO, GO! LET'S GO! DATEKO!
TOMM TOMM
TOMM TOMM
UIIEEH!
SCHRECK
WAND
OH!
KLINGT, ALS HÄTTE DAS ERSTE SPIEL BEGONNEN.
PFÜÜÜT
WUAAAH
SEHEN WIR UNS DIE DATEKO AN!
WER SPIELT NOCH? ICH HABE IRGENDWAS VON „KARASUNO" GEHÖRT …
AH, DIE SOLLEN FRÜHER MAL ZIEMLICH STARK GEWESEN SEIN.

DIE GEFALLENEN FAVORITEN, DIE KRÄHEN OHNE FLÜGEL.
KARASUNO
TOMM TOMM
D
HÖRT ZU.
IEK
ES IST VÖLLIG NORMAL, DASS IHR VOR DEM ERSTEN SPIEL NERVÖS UND ANGESPANNT SEID.
TOMM TOMM
D
ES KOMMT NUR DARAUF AN, ES MÖGLICHST SCHNELL NICHT MEHR ZU SEIN!
KNALLT IHNEN EINEN PUNKT REIN UND FINDET EUREN RHYTHMUS!
KÄMPFEN!
OKAY!
SORRY, ...
IEK
... FALLS DAS SELTSAM KLINGT ...
IHR SEID ALLE STARK!
DIE KARASUNO IST STARK!
ICH HABE GEHÖRT, WIE SIE UNS IMMER NOCH SO BEZEICHNEN, ...
... MIT DIESEM ELENDEN SPITZNAMEN!
DIE GEFALLENEN FAVORITEN, DIE KRÄHEN OHNE FLÜGEL.
UND WIR WERDEN SAGEN ...
ZEIGEN WIR ALLEN, DIE SICH HIER VERSAMMELT HABEN, ...
... WIE DIE KRÄHEN OHNE FLÜGEL WIEDER FLIEGEN!
DA SAGT UNSER TAKEDA MAL WAS!
UAAAH!
SEHT HER!
DIE ALTEHRWÜRDIGE KARASUNO IST WIEDER AUFERSTANDEN!
HA!
TADAA

JAA!
GLÜH
WAR DAS ZU KITSCHIG? WAR DAS BLÖD?!
GUT, DAS WAR GUT!
WAS BEDEUTET ALTEHRWÜRDIG?
WEISS ICH DOCH NICHT.
ES IST ZWAR NICHT DIE GENAUE BEDEUTUNG, ABER ES STECKT AUCH DRIN, DASS MAN FRÜHER MAL STARK WAR.
ZING
HEY! ES GEHT LOS!
LET'S GO, KARASUNO!
YEAAAAAH!
KEINE SORGE.
HALTET EUCH AN DAS, WAS WIR TRAINIERT HABEN!
KONZENTRIERT EUCH AUF DIE ANNAHMEN UND HALTET DEN BALL IM SPIEL!
TOKONAMI
BEHALTET EINEN KLAREN KOPF.
MACHT ERST MAL EINEN PUNKT.
JAWOHL!
AUF GEHT'S!
JAAA!

DAICHI
12. KLASSE
AA – 176 CM
ASAHI
12. KLASSE
AA – 184 CM
RYUNOSUKE
11. KLASSE
AA – 177 CM
KEI
10. KLASSE
MB – 188 CM
TOBIO
10. KLASSE
Z – 180 CM
YU
11. KLASSE
L – 159 CM
SHOYO
10. KLASSE
MB – 162 CM
KARASUNO
TOBIO
KEI (YU)
ASAHI
RYUNOSUKE
SHOYO
DAICHI
STARTAUFSTELLUNG
TOKONAMI
HAYATO
YOSHIHARU
KAZUMA
RIKUTO (TAIGA)
HIROKI
HIKARU
HAYATO
12. KLASSE
AA – 177 CM
HIROKI
12. KLASSE
AA – 175 CM
YOSHIHARU
11. KLASSE
Z – 174 CM
KAZUMA
12. KLASSE
MB – 180 CM
TAIGA
12. KLASSE
L – 164 CM
RIKUTO
11. KLASSE
MB – 182 CM
HIKARU
12. KLASSE
AA – 176 CM
NUMMER 3 SIEHT GRUSELIG AUS.
WIE? WAS? IHRE NUMMER 10 IST MITTELBLOCKER?
DER IST DOCH NICHT GRÖSSER ALS EINS SECHZIG!
SIE HABEN DOCH VIEL GRÖSSERE SPIELER AUF DER BANK.
HA, HA, HA!
IHR GEGNER IST VERWIRRT!
KEIN WUNDER! DIE GRÖSSE IST BEIM MITTELBLOCK ENORM WICHTIG. UND DANN KOMMT DER DA!
HUPPS
HUPPS
IST DIESE KLEINE NUMMER 10 EIN STAMMSPIELER?
ER IST KEIN LIBERO …
WER IHN UNTERSCHÄTZT, WIRD DAS BITTER BEREUEN.
UAH HA HA! DA SPRICHT JEMAND AUS ERFAHRUNG!

PFÜT
DAS ERSTE SPIEL …
BEIM NÄCHSTEN MAL …
… WERDE ICH IHN PLATTMACHEN.
NA, KOMMT SCHON!
GUTER AUFSCHLAG!
DEN MACHST DU!
DOMM
KOMM SCHON!
… BEGINNT.
ASAHI!
BOFF
HAB ICH!
GUTE ANNAHME!
JEMAND, DER DEM GEGNER ANGST EINJAGT …
FHU AH
DEN ERSTEN ANGRIFF …
… BEKOMMT ER!
… UND GLEICHZEITIG UNSERE MORAL STÄRKT …
DER ERSTE ANGRIFF …
WEN NEHME ICH …?

GNUOAAAARH!
HRNARH!
DOBABAMM
DOMM
PFOT
KARASUNO
TOKONAMI
00 1
01
UAAAARH!
GRRRARH!
HURRA!

SEHR GUT, RYUNOSUKE!
UAAAAARH!
EIN GUTER AUFTAKT!
HUAAAAAH!
ES REICHT JETZT!
PFÜ PFÜT
!
DIE KARASUNO WURDE VERWARNT.
DAS GING FLOTT.
WAS FÜR DEPPEN.
KICHER
WAH HA HA
UNTERHALTSAM, DIESE KARASUNO.
KEIN PROBLEM, ALLES GUT! DAS GLEICHEN WIR WIEDER AUS!
BLEIBT LOCKER, WIR HOLEN UNS DEN PUNKT ZURÜCK!
LOS, RYUNOSUKE!
DER GLATZKOPF VON EBEN HAT AUFSCHLAG.
WAH HA HA
PFÜT
DOMM
GNH.
BWOFF
TOLLE ANNAHME!

HAYATO!
DAPP
IEK
DO DOMM
!
BAMM
IEK

SUPER ANGE-NOMMEN, YU!
VER-DAMMT!
ER KAM NICHT AUF DEN ZUSPIE-LER!
ER IST SAUER, OBWOHL ER DEN BALL GERET-TET HAT ...
WOW, GUT GERET-TET!
IHR LIBERO HAT GUTE REFLEXE!
SICHERN!
ASAHI!
ASAHI!
ER KOMMT VON LINKS!
DREIER-BLOCK!
VOR-WÄRTS, ASS!
!
!
IEK
SWOOSH

BATAMM
HUAAH
WOW.
DER HAT RICHTIG DAMPF!
ASAHIII!
WUAAAH!
WAHNSINN, ABER DER IST JA AUCH SCHON ER-WACHSEN.
DIE VON DER KARASUNO SOLLEN EINEN DABEI HABEN, DER FÜNFMAL SITZEN-GEBLIEBEN IST!
ECHT?! WER DENN ?!
DER DA MIT DEM BART.
RAUN RAUN
REISS DICH ZU-SAMMEN, ASAHI!
SPROTZ
DOSCH DOSCH
HABT IHR GESEHEN?! DAS IST DIE POWER UNSERER LINKEN!
ABER ...

… DAS IST NICHT UNSERE STÄRKSTE WAFFE.
EIN PASS, EIN PASS, EIN PASS, EIN PASS, EIN PASS, EIN PASS, EIN PASS …
HÖR AUF DAMIT!! ICH WEISS!
NOCH EINEN, RYUNOSUKE!
SEHR GUT!
HAB ICH!
BOFF
GUTE AN-NAHME!
„IHR SEID ALLE STARK! DIE KARASUNO IST STARK!"
ZEIGEN WIR ALLEN, DIE SICH HIER VERSAMMELT HABEN, …
… WIE DIE KRÄHEN OHNE FLÜGEL WIEDER FLIEGEN!

GWUSCH
...
ER IST GEFLOGEN.

FHUAH
SEHT HER!
伊達工業
DO BAMM

DIE ALTEHRWÜRDIGE KARASUNO IST WIEDER AUFERSTANDEN!

← DAS NÄCHSTE KAPITEL, KAPITEL 40, HAT DREI SEITEN MEHR ALS BEI DER ERSTEN VERÖFFENTLICHUNG. INHALTLICH GIBT ES KEINEN UNTERSCHIED, ABER ICH HABE EIN PAAR SEITEN, DIE ES NICHT IN DIE VERÖFFENTLICHUNG GESCHAFFT HABEN, HINZUGEFÜGT.

„Selbst, wenn ...“
„... ein Gegner ...“
HAH. HAH.
KARASUNO
SHIRATO JOSHI
09 2 18
„... so stark ist, dass man nie und nimmer gegen ihn ankommt ...“
HAH ... HAH.
FHUAH
DAPAMM
!
„Wenn man nicht gewinnen will ...“
„... wird man auch nicht gewinnen.“
KAPITEL 40:
SIEGER UND BESIEGTE

GNH ...
SWUSCH
TONG
KARASUNO
TOKONAMI
17 2 08
SCHADE, ABER KEIN PROBLEM, HAYATO!
SCHÖN GE-KÄMPFT!
SUPER, SHOYO UND TOBIO.
DIE KARASUNO ...
... BENUTZT IHN NICHT, WIE ÜBLICH, ...
... IHREN ...
... SCHNELL-ANGRIFF OHNE ZUM BALL ZU SEHEN.
STATTDESSEN ... SETZEN SIE JETZT AUF NICHT SONDERLICH AUSGEFEILTE, NORMALE SCHNELL-ANGRIFFE ...
ETWAS UNGESTÜM, ABER SIE BESTIMMEN SOGAR DIE RICHTUNG ...
KANN ES SEIN, DASS SIE DAS IN DIESER KURZEN ZEIT IN EINEM ÄUSSERST EFFEKTIVEN TRAININGSSPIEL GELERNT HABEN?
SIE WISSEN UM IHRE WAFFEN ...
... UND ERWEITERN SIE, ...
... UM SO IN JEDEM SPIEL MIT DER PASSENDEN TAKTIK ANZUGREIFEN ...
...
伊達工業

DIESE ABENTEUERLICHE MANNSCHAFT, DIE ALLES AUF KRAFT GESETZT HAT, …
… IST AUCH CLEVERER GEWORDEN.
…
HRRM
GANZ SCHÖN LÄSTIG, WAS?
GNJAH HA HA
PFÜÜÜT
HAAH …
DIE KARA-SUNO IST ÜBERHAUPT NICHT SO, WIE MAN SICH ERZÄHLT.
TOKONAMI
KARASUNO
21 2 12
TOKONAMI-OBERSCHULE, ZWEITE AUSZEIT IM ZWEITEN SATZ
GEFALLENE FAVORITEN STELLE ICH MIR ANDERS VOR.
DIE SIND DOCH GAR NICHT GEFALLEN.
DIE SIND ZU GUT.
SHUNN
WENN MAN NICHT GEWINNEN WILL, …
WISPER
… WIRD MAN AUCH NICHT GEWIN-NEN.
„WENN MAN SICH AM NETZ GEGENÜBER-STEHT, SPIELT ES KEINE ROLLE, AUF WELCHEM TABELLENPLATZ DER GEGNER IST!"
…

?
?
HUCH?
WAS HABE ICH GERADE GESAGT?!
ÄHM, ALSO …
DAS EBEN HAT …
… EIN FREUND …
UOAH, DAS NIMMT MIR DOCH KEINER AB, WENN ICH SO ETWAS SAGE, ICH IDIOT! HRNAARH, DAS GING TOTAL IN DIE HOSE.
UAAH …
JA, DU HAST RECHT.
?!
GUT GESAGT, HAYATO! KOMMT SELTEN VOR.
IM VOLLEYBALL-SPIEL GIBT ES KEINE ZEITLICHE BEGRENZUNG UND WENN WIR BEHARRLICH BLEIBEN, HABEN WIR DANN NICHT AUCH EINE CHANCE AUF DEN SIEG?
DIE ANDEREN LEISTEN SICH AUCH ZIEMLICHE PATZER.
GUT!
WIR SIND VIELLEICHT SCHWÄCH-LINGE, ABER WIR KÖNNEN SEHR BEHARRLICH SEIN!
GEHEN WIR WIEDER RAUS, …
… UM ZU GEWINNEN!
JAAAA!
RAUN
OBERSCHUL-SPORTMEISTER-SCHAFTEN, VOLLEYBALL DER MÄDCHEN
RAUN
AARH.
DOMM

WAAAAH
KARASUNO
SHIRATO JOSHI
09 2 18
DOMM DOMM
OLEEE, OLÉ, OLÉ, OLÉ, WAKUNAN!
GUT GEMACHT!
IEK IEK
SCHADE!
MACHT NICHTS, WEITER!
YUI MICHIMIYA KARASUNO-OBERSCHULE, 12. KLASSE, VOLLEYBALL-KLUB DER MÄDCHEN, KAPITÄN
IEK
DU HÄTTEST DEN BALL BESTIMMT IM SPIEL GEHALTEN …
WAS?
ES TUT MIR LEID!
ICH MACHE SO VIELE FEHLER …
FÜR SELBSTKRITIK IST NACH DEM SPIEL NOCH ZEIT!
GRAPP
ES IST NOCH NICHT ZU ENDE.
WIR HABEN NOCH NICHT VERLOREN.

KARASUNO
常波

KARASUNO
TOKONAMI
FLAPP
WUOAH, JAAH!
FEIERN WIR DEN EINEN PUNKT NICHT EIN BISSCHEN ZU VIEL?!
ACH WAS! WO DER PUNKT HERKOMMT, DA GIBT ES AUCH NOCH MEHR!
DIE KARASUNO HAT SICH GANZ ENTSPANNT EINEN SATZBALL ERARBEITET.
EINEN PUNKT ZU VERLIEREN, TUT IHNEN ÜBERHAUPT NICHT WEH.
VER-DAMMT NOCH MAAAL!
NOCH EINEN …
… LASSE ICH …
… NICHT DURCH!
…
EINEN NOCH!
DEN HOLEN WIR UNS ZURÜCK!
SIE MEINEN ES ERNST.
WOMÖG-LICH …
… GIBT ES AN DIESEM ORT …
… NIEMANDEN, DER UNS FÜR VOLL NEHMEN WÜRDE. NUR …
JAAAA!
OOH …

... DIE KARA-SUNO NIMMT UNS ERNST.
PFÜT
KARASUNO
25 2 14
PFÜ PFÜ PFÜÜT.

PFÜÜÜT
ABPFIFF. SPIELSTAND NACH SÄTZEN:
2 : 0 [25 : 12 25 : 14
WAR EIN SCHÖNES SPIEL!
SIEGER: KARASUNO-OBERSCHULE
DIE NÄCHSTEN TEAMS SPIELEN GLEICH. ALSO PACKT SCHNELL ALLES ZUSAMMEN!
OKAY.
...
TRAAAN
HEY! AUFWACHEN, DU TRÄUMER!
BEEILUNG!
GEWONNEN.
...
JA.
ES ...
ES GIBT ALSO ...
... EIN NÄCHSTES SPIEL?
JA ...
WIR HABEN DOCH GEWONNEN.
GEWONNEN ...
GEWONNEN ...

GN
NN
GEWONNEEEN!
WIR KÖNNEN ...
... NOCH EIN MATCH SPIELEN!
WIR KÖNNEN AUF DEM SPIELFELD STEHEN.
AUCH BEIM NÄCHSTEN MAL.

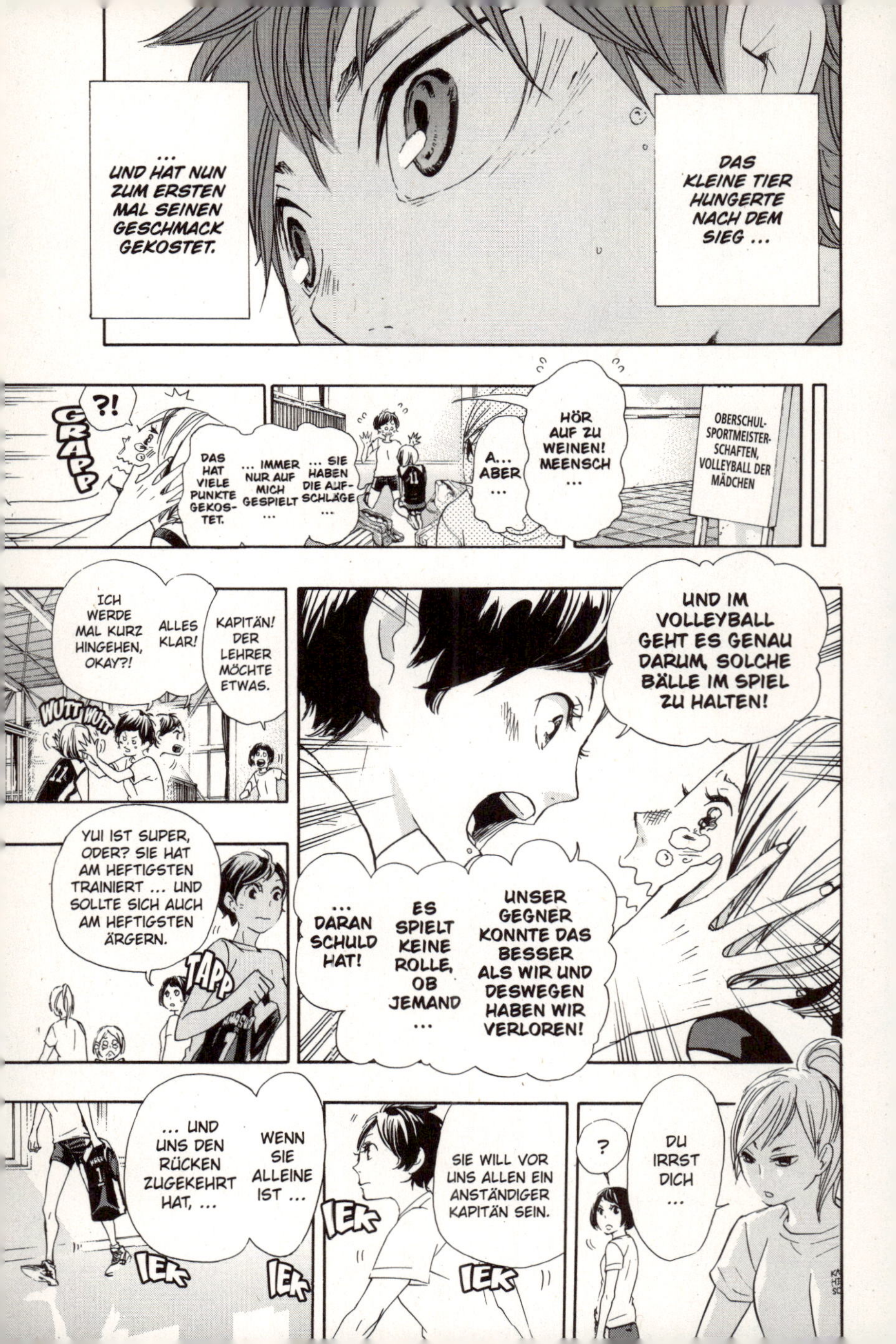
DAS KLEINE TIER HUNGERTE NACH DEM SIEG ...
... UND HAT NUN ZUM ERSTEN MAL SEINEN GESCHMACK GEKOSTET.
OBERSCHUL-SPORTMEISTERSCHAFTEN, VOLLEYBALL DER MÄDCHEN
HÖR AUF ZU WEINEN! MEENSCH ...
A... ABER ...
... SIE HABEN DIE AUFSCHLÄGE ...
... IMMER NUR AUF MICH GESPIELT ...
DAS HAT VIELE PUNKTE GEKOSTET.
?!
GRAPP
UND IM VOLLEYBALL GEHT ES GENAU DARUM, SOLCHE BÄLLE IM SPIEL ZU HALTEN!
UNSER GEGNER KONNTE DAS BESSER ALS WIR UND DESWEGEN HABEN WIR VERLOREN!
ES SPIELT KEINE ROLLE, OB JEMAND ...
... DARAN SCHULD HAT!
KAPITÄN! DER LEHRER MÖCHTE ETWAS.
ALLES KLAR!
ICH WERDE MAL KURZ HINGEHEN, OKAY?!
WUTT WUTT
YUI IST SUPER, ODER? SIE HAT AM HEFTIGSTEN TRAINIERT ... UND SOLLTE SICH AUCH AM HEFTIGSTEN ÄRGERN.
TAPP
DU IRRST DICH ...
?
SIE WILL VOR UNS ALLEN EIN ANSTÄNDIGER KAPITÄN SEIN.
IEK
IEK
WENN SIE ALLEINE IST ...
... UND UNS DEN RÜCKEN ZUGEKEHRT HAT, ...
IEK
IEK

... WEINT SIE.
仙台市体育館
Sendai City Gymnasium
TRÄUM
ICH HABE MICH ANGESTRENGT ...
SO SEHR ICH KONNTE ...
ICH HABE PAUSENLOS TRAINIERT ...
ALS ICH IM FERNSEHEN ...
... EIN SPIEL GESEHEN HABE, HABE ICH AM NÄCHSTEN TAGE HALB IM SPASS, HALB IM ERNST GESAGT, ...
... DASS ICH MAL IN DER JAPANISCHEN NATIONALMANNSCHAFT SPIELEN WERDE.

*SPITZNAME DES JAPANISCHEN EX-NATIONALSPIELERS YUSUKE ISHIJIMA

DAICHI!
?!
HAYATO?
HAH. HAH.
HAH.
IHR MÜSST GEWIN-NEN!
WEITER GEWINNEN!
OJE, ICH WILL SO ETWAS NICHT SAGEN ...
IRGENDWIE SIND SOLCHE SPRÜCHE UNCOOL UND ABGE-DROSCHEN.
IHN STÖSST DAS BE-STIMMT AB.
...
ABER TROTZDEM ...
... MUSS ICH ES SAGEN.
GEWINNT!
GE-WINNT AUCH ...
... FÜR UNS!
烏野高校
排球部

OKAY.
GRAPP
GNNH
IST ANGE-KOMMEN.
WOMÖGLICH ...
... GIBT ES IN DIESEM LAND ZEHNTAUSENDE, ...
... DIE SO UNSPEKTAKULÄR MIT VOLLEYBALL AUFHÖREN.
WENN MAN ALLE SPIELE DER VORRUNDEN GEWINNT, GEHT ES IN DIE LANDES-EBENE.
WENN DAS EINE GESCHICHTE WÄRE, WÄREN DIE, DIE AUF LANDESEBENE SPIELEN, DIE HAUPT-PERSONEN ...
... UND WIR WÄREN NUR SO ETWAS WIE STATISTEN.
ABER TROTZDEM ...

OHGI MINAMI
*OUU MINAMI
*KOJOKO
WIR HABEN …
*MINE MINAMI
*KAJIYAMA
*MOMIJIHARA
OUU
*SAKURASHITA
*SUNAYAMA
WIR HABEN AUCH GESPIELT!

MINE
12
羊原農林
*HITSUJIHARA NOURIN
天山南
*TENZAN MINAMI
白戸
5
*SHIRATO
出羽三
*DEWA 3
SENKAWA. H.
梅ヶ原
1
*UMEGAHARA
*HAYASHI
KOJONOGYO
*OUU KITA
扇東
*OUGI HIGASHI
*KAJI KIT
KARASU
...VOLLEY-BALL GESPIELT!

*TOKONAMI

SCHLUSS-WORT!
DANKE FÜR DAS SPIEL!
AOBA JOHSAI 1
SENKAWA KITA 2
OOMISAKI 3
TOKONAMI 4
KARASUNO 5
DATEKO 6
SAKURASHITA 7
NIIKAWA 8
OUU 9
KONUMA 10
OUU MINAMI 11
TATEMORI 12
SENSEKI 13
DEWA ICHI 14
HAYASHI 15
ISHIN 16
KAJI KITA 17
MIDORIKAWA 18
SHIRATOKO 19
DEWA NI 20
A
H
G
SIEGER
OBERSCHULE
28 SHINYAMAKO
29 WAKUTANI MINAMI
30 KOJOKO
31 KIMOTO
32 KOJONO
33 SHIRATO
34 TENZAN
35 OOGIKO
36 DEWASAN
37 MOMIJIHARA
38 YUGAMA
39 MINE
40 KAJI
E
B
4
2 {25-12 25-14} 0
KARASUNO 5
DATEKO
烏野高校
排球部

IEK
FÜR UNGEFÄHR DIE HÄLFTE VON UNS … ALSO FÜR 23 VON 55 TEAMS IST ES SCHON NACH DEM ERSTEN SPIEL VORBEI.
…
GEWINNEN WIR DAS NÄCHSTE!
JA!
ZWEITE RUNDE
OOMISAKI 3
TOKONAMI 4
KARASUNO 5
DATEKO 6
ASHITA 7
DIE KARASUNO-OBERSCHULE GEGEN DIE DATEKO

KAPITEL 41: EINZUG IN DIE ZWEITE RUNDE

KITA 2
25-8
25-17
OMISAKI 3
TOKONAMI 4
25-12
25-14
KARASUNO 5
DATEKO 6
25-17
25-8
SAKURASHITA 7
DIE KLEINE NUMMER 10 VON DER KARASUNO WAR KRASS, ODER?
UND PAMM! WIEDER EIN SCHNELL-ANGRIFF.
ABER ECHT.
UND DAS BEI SEINER GRÖSSE.
...
DIESE NUMMER 10 WAR IM MÄRZ NICHT MIT DABEI ... ALSO MUSS ER IN DER ZEHNTEN KLASSE SEIN ...
WAHR-SCHEIN-LICH.
AUF DEN MÜSSEN WIR AUFPASSEN ...

DIE KARASUNO WAR DER WAHNSINN, ODER?
BESONDERS DIESE NUMMER 10 KANN EINEM ANGST MACHEN!
ABER ECHT.
...
NORD-TRIBÜNE
OST-
B
WAS DER FÜR SCHNELL-ANGRIFFE HINGELEGT HAT!
...
HNJE HE
HNJE HE
...
HUAH!
WA... WAS IST?
DARF ICH MICH NICHT FREUEN, ODER WAS?
...
SOLCHE SACHEN HAT NOCH NIE JEMAND ÜBER MICH GESAGT!
?!
HNÄHÄÄ

ICH SAGE DOCH GAR NICHTS.
IST DOCH TOLL, WENN DU AUFSEHEN ERREGST.
JE MEHR UNSERE GEGNER AUF DICH AUF-MERKSAM WERDEN …
… UND JE WACH-SAMER SIE WERDEN, …
… UMSO MEHR BIST DU IN DEINEM ELEMENT.
!
JA … ICH WEISS ZWAR NICHT, WAS DU MEINST, …
… ABER DEIN GRINSEN MACHT MIR IRGENDWIE ANGST.
JA. GENAU SO IST ES.
GRUSCH
AU AU AU!
TRAI-NER!
JEDEN-FALLS …
… SORGEN WIR DAFÜR, …
… DASS DIESE KLEINE NUMMER 10 EINFACH UNGLAUB-LICH IST!
JE STÄRKER SIE WIRD …

... UND JE MEHR SHOYO STRAHLT, ...
... DESTO MEHR WIRD DER GEGNERISCHE BLOCK GEBLENDET WERDEN.
!
ALSO ...
DIE START-AUFSTELLUNG FÜR DIE ZWEITE RUNDE ...
...
... IST DIE GLEICHE WIE IN DER ERSTEN.
...
5

DAS NÄCHSTE SPIEL BEGINNT UM HALB ZWEI. PASST AUF, DASS IHR NICHT AUSKÜHLT!
BIS DAHIN KÖNNT IHR EINE KLEINIGKEIT ESSEN.
SCHLAGT EUCH NICHT DIE BÄUCHE VOLL!
OKAY!
FOFF
ALS NÄCHSTES ...
... SPIELEN WIR GEGEN DIESE EISENWAND-SCHULE MIT DEM TYPEN OHNE AUGENBRAUEN!
DATEKO HEISSEN DIE.
BWOFF
ICH WEISS!
WRAFF
WAHRSCHEINLICH ...
?
... IST DAS SPIEL, DAS WIR IM MÄRZ GEGEN SIE VERLOREN HABEN, ...
... DER GRUND, WESWEGEN ASAHI DEN KLUB VERLASSEN HAT.
!
ASAHI?

„ES GAB EIN SPIEL, DA WURDEN ASAHIS SCHMETTERBÄLLE EINER NACH DEM ANDEREN ABGEBLOCKT."
EIN BLOCK, ...
... DER UNSEREN ASAHI KOMPLETT AUFHÄLT?
KRTSCH
SHOYO!
TOBIO!
!
HABT IHR EINEN MOMENT?
?
KLAR.

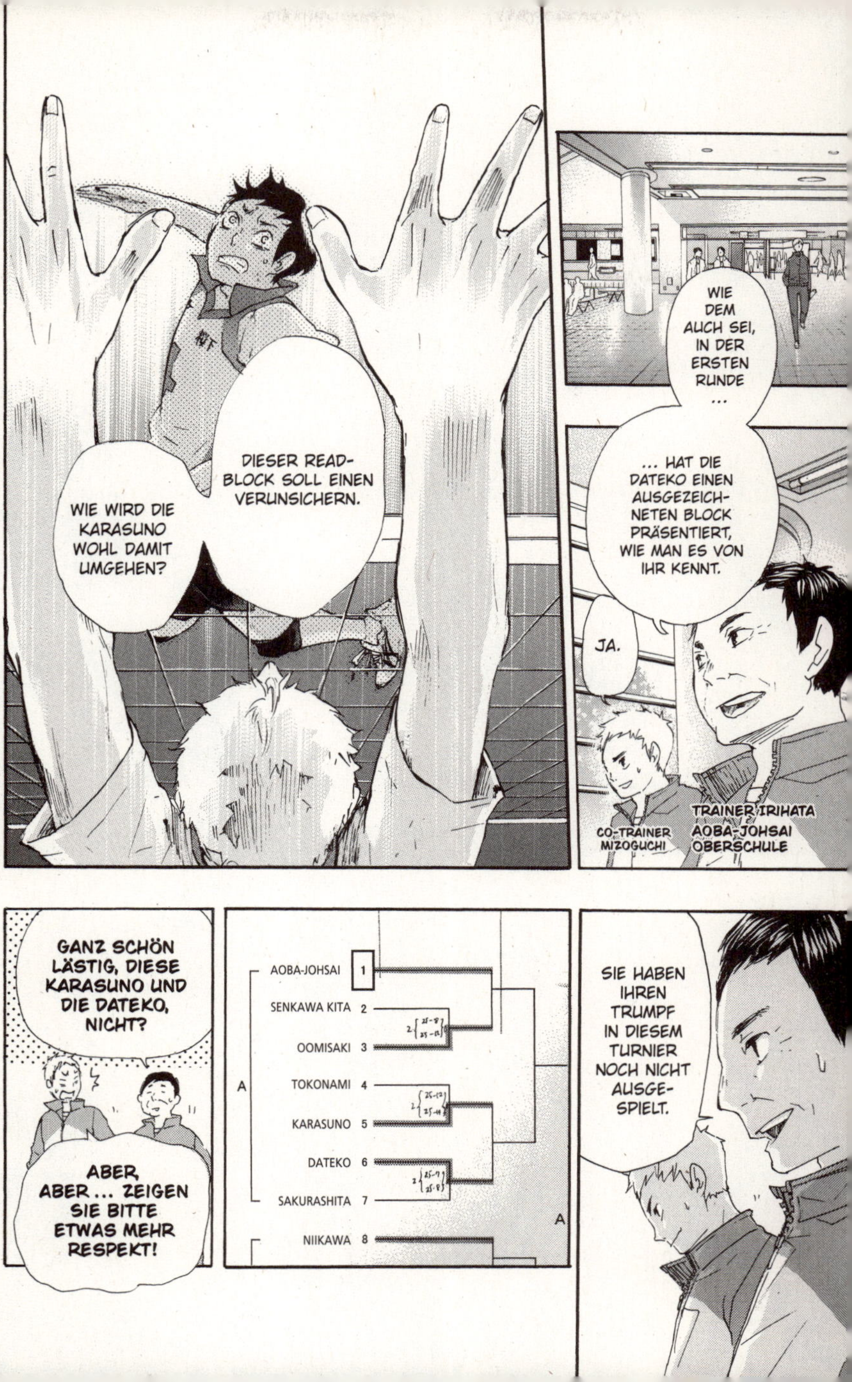
WIE DEM AUCH SEI, IN DER ERSTEN RUNDE ...
... HAT DIE DATEKO EINEN AUSGEZEICHNETEN BLOCK PRÄSENTIERT, WIE MAN ES VON IHR KENNT.
JA.
TRAINER IRIHATA AOBA-JOHSAI OBERSCHULE
CO-TRAINER MIZOGUCHI
DIESER READ-BLOCK SOLL EINEN VERUNSICHERN.
WIE WIRD DIE KARASUNO WOHL DAMIT UMGEHEN?
SIE HABEN IHREN TRUMPF IN DIESEM TURNIER NOCH NICHT AUSGESPIELT.
A
AOBA-JOHSAI 1
SENKAWA KITA 2
OOMISAKI 3
TOKONAMI 4
KARASUNO 5
DATEKO 6
SAKURASHITA 7
NIIKAWA 8
A
GANZ SCHÖN LÄSTIG, DIESE KARASUNO UND DIE DATEKO, NICHT?
ABER, ABER ... ZEIGEN SIE BITTE ETWAS MEHR RESPEKT!

ICH HABE ...
... EINE BITTE.
烏野高校
排球部
...
DIE DATEKO IST EIN STARKER GEGNER.
VOR DREI MONATEN HATTEN WIR GEGEN DIESE EISERNE WAND VON EINEM BLOCK NICHT DEN HAUCH EINER CHANCE.
...
ABER JETZT HABEN WIR EINEN ULTIMATIVEN LOCKVOGEL.
FSSSCH
!
SO WIE DU SHOYO DEN WEG GEEBNET HAST ...

IEK
„Um dem Angreifer den Weg durch die Mauer vor ihm zu ebnen, braucht er einen Zuspieler!"
Bitte ...
... Mach auch den Weg für unser Ass Asahi frei!
烏野高校 排球部
...

ASAHI ...
WIR GEHEN LANGSAM LOS.
...
GUT.
IEK
KLASSE GEMACHT!
PFÜÜÜT
IEK IEK IEK
KÄMPFT!
KÄMPFT!
DAMM
DAMM
DAMM
HAB ICH!
DANN MAL LOS! LASST UNS AUCH DIE ZWEITE RUNDE GEWINNEN!
SWUNN
UÄÄÄH?!

ZOOM
!
伊達工業
STARR
UAAARH!
HUCH?!
SWUPP
SCHLENDER
GO, GO! GO, GO! LET'S GO! DATEKO!
GO, GO! GO, GO! LET'S GO! DATEKO!
TOMMTOTOMM
TOMM TOMM
WUAAAAAH?!
DU SCHISSER HAST JA GANZ SCHÖN ZU TUN.
DATEKOS EISENWAND
ALLEIN DURCH IHRE VIELEN KLUB-MITGLIEDER WIRKEN DIE SCHON STARK.
BEI SO EINER MASSE AN UNTER-STÜTZUNG KÖNNTE MAN FAST NEIDISCH WERDEN.
DATEKO!
TOMM
TOMM
DATEKO!
TOMMTOMM
DATEKO!
EISENWAND
DATEKO …

KÄMPFT!
DOMM
KÄMPFT!
LAUFEN!
JOAAH!
IEK
IEK
JOAAH!
JOAAH!
IEK
LAUTER!
JOAAH!
IEK
ZUM FÜRCHTEN, DIE DATEKO ...
WENN ICH MIT DENEN AUF DEM SPIELFELD STEHEN WÜRDE, HÄTTE ICH DIE HOSEN VOLL.
DATEKO
DATEKO
DATEKO!
JO-AAH!
IEK
JO-AAH!
IEK
DER GEGNERISCHE AUSSENANGREIFER AUS DER ERSTEN RUNDE DER DATEKO HAT MIR WAHNSINNIG LEID GETAN.
ER KONNTE BUCHSTÄBLICH NICHTS MEHR MACHEN.
...

TOMM TOMM
DATEKO!
TOMM TOMM
DATEKO!
DATE-
KO!
DIE KAPITÄNE!
DATEKO!
!
TOMM TOMM
DATE-
KO!
WIE SOLL ICH SAGEN …
TOMM TOMM
DATEKO!
AUF EIN FAIRES SPIEL!
TOMM TOMM
DATE-
KO!
TOMM TOMM
DIE GANZE HALLE …
… SCHEINT IN DEN FARBEN DER DATEKO ZU LEUCHTEN.
TOMM TOMM
DATE-
KO!
DATE-
KO!
TOMM TOMM
DATEKO!
TOMM TOMM
DATEKO!
…
TOMM TOMM
DATEKO!
WIR SIND ZUERST IN DER ANNAHME.
DAS IST UNSERE SPIELFELD-
HÄLFTE.
IEK
GUT.
PFÜÜÜT
START DES OFFIZIELLEN WARM-UPS
ES IST DREI MONATE HER, DASS WIR GEGEN DIE DATEKO ZU NULL VERLOREN HABEN …
ANNAHME!
JAWOHL!
RATTER RATTER RATTER

GUT GEMACHT!
DOMM
KEINE FRAGE, DASS UNSER TEAM FORTSCHRITTE GEMACHT HAT, ABER ICH BEFÜRCHTE, ...
... DASS BEI DEN ELFT- UND ZWÖLFT-KLÄSSLERN IMMER NOCH IRGENDWO DAS BILD IHRER NIEDERLAGE HÄNGEN GEBLIEBEN IST.
DATEKO
TOMM TOMM
DATEK
ERST MAL MÜSSEN SIE VON DER DATEKO NICHT MEHR SO EINGESCHÜCHTERT SEIN ...
DATEKO!
DOMM
IEK
HRM.
ROLLING ...
?!
... THUN-DEEER!
RE-LOADED!

FHUAH
SCHAWUPP
?!
TOLLE ANNAHME, YU! UND WAS FÜR EINE ELEGANTE TECHNIK!
BIS AUF DEN NAMEN …
DER NAME IST JA WOHL GENAUSO ELEGANT, ODER WAS?!
PFFFRT!
BRING MIR AUCH DEN RELOADED BEI!
WO IST DENN DER UNTERSCHEID ZU DEM ANDEREN?
SCHON WIEDER, YU …
HÄTTEST DU DEN BALL EBEN NICHT AUCH NORMAL ANNEHMEN KÖNNEN?
MANN, YU! DU MACHST DAICHI NUR WIEDER WÜTEND!
…
HU-AAARGH!
DOMM
IHR BRAUCHT EUCH UM NICHTS SORGEN ZU MACHEN!
SEHT EINFACH ALLE NUR NACH VORNE!

ICH GEBE EUCH ...
... RÜCKEN-DECKUNG.

WIE ...
WIE COOOOL!
DAZING
...
COOL.
WOW.
DIE STIMMUNG IST BEI ALLEN WIEDER SO WIE IMMER!
WIE COOL!
JO.
ER IST SO EIN KLEINER KERL, STRAHLT ABER EINE DERARTIGE ZUVERLÄSSIGKEIT AUS.
DIE VERTEIDIGUNG IST NICHT DIE EINZIGE AUFGABE DES LIBERO.
SO WAS WILL ICH AUCH SAGEN!
IN DREI JAHREN DANN.
ER IST AUCH DER ANSPORN DES TEAMS VON HINTEN AUS DEM FELD.
EIN WIRKLICH HERVORRAGENDER LIBERO ...

PFÜÜÜT
ENDE DES WARM-UPS
DAMM
OOOHEY!
SU-PER!
IEK
IEK
DAMM
SAM-MELN!
IEK
IEK
DAMM
BABUMM
DREI MINUTEN ...
... BIS SPIELBEGINN.
伊達工業
伊達

KANAME MONIWA

DATEKOGYO-OBERSCHULE, 12-C

VOLLEYBALL-KLUB, KAPITÄN
POSITION: ZUSPIEL

GRÖSSE: 176,3 CM, GEWICHT: 67,5 KG
(STAND: 12. KLASSE, APRIL)

GEBURTSTAG: 6. SEPTEMBER

LEIBGERICHT: REIS

AKTUELLE SORGE: DIE 11. KLASSE

PROFIL (SKALA 1 BIS 5)

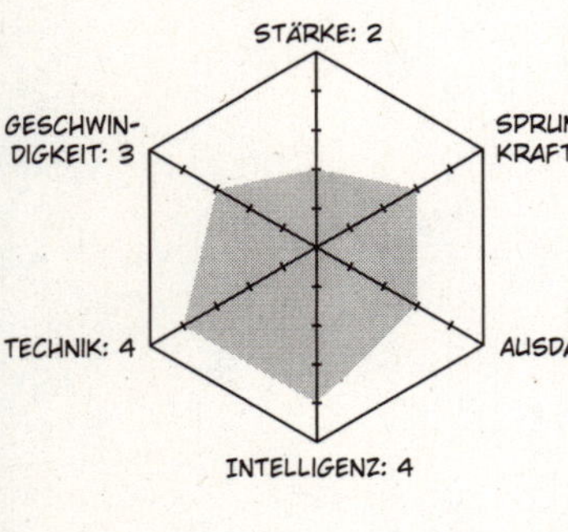

PFÜÜÜT
ZWEITE RUNDE
AUF EIN FAIRES SPIEL!
KARASUNO-OBERSCHULE GEGEN DIE DATEKOGYO-OBERSCHULE
SENDAI CITY GYMNASIUM
DATEKOS EISENWAND
KAPITEL 42: DIE EISERNE WAND
DIE SCHNELL-ANGRIFFE DIESER NUMMER 10 VON DER KARASUNO HABEN MICH WIRKLICH ÜBER-RASCHT.
DATEKO
VOR ALLEM WEGEN SEINER GRÖSSE!
TRAINER OIWAKE
DATEKOGYO-OBERSCHULE
SEINE SPRÜNGE SIND VERBLÜF-FEND, ABER DAS, WAS ER DA MACHT, IST EIN NORMALER SCHNELL-ANGRIFF.
LASST EUCH NICHT VON ÄUSSER-LICHKEITEN TÄUSCHEN.
HALTET IHN SCHO-NUNGS-LOS AUF, …
… GENAUSO WIE IHR ASS!
JA-WOHL!

DATEKO!
ICH HAB MIR IHRE ERSTE RUNDE ANGESEHEN.
DEMNACH SOLLTEN SIE DEN AUFTAKT MIT EINEM HEFTIGEN AUFSCHLAG MACHEN.
KARASUNO
TOMM TOMM
DATEKO!
MIT EINEM VERNICHTENDEN AUFSCHLAG UND EINEM UNDURCHDRINGLICHEN BLOCK NEHMEN SIE EINEM GLEICH AM ANFANG DEN MUT.
DAS IST DIE STRATEGIE, MIT DER DIE DATEKO EIN SPIEL ERÖFFNET. DAS HAT SICH IN DEN DREI MONATEN NICHT GEÄNDERT.
LASST UNS DEN ERSTEN BALL GANZ RUHIG IM SPIEL HALTEN!
MACHEN WIR!
DER GEGNERISCHE BLOCK IST ZWEIFELSOHNE EXTREM MASSIV.
ABER SOLLTEN WIR EINEN DURCHBRUCH SCHAFFEN, WÄRE DAS UNSERE CHANCE ZUM SIEG.
EIN TEAM, DAS ALLE MÖGLICHEN BÄLLE ANNIMMT UND HÄLT, SO WIE DIE NEKOMA, ...
... IST ÄUSSERST SELTEN.
UND?
ALLES VERSTANDEN, TOBIO?
SCHLAGT ...
... DIE EISERNE WAND IN STÜCKE!
LET'S GO, KARASUNO!
YEAAAH!
JA.

YASUSHI
12. KLASSE
MB - 186 CM
TAKANOBU
11. KLASSE
MB - 191 CM
YUTAKA
11. KLASSE
AA - 186 CM
NANU? IHR ASS STARTET IM HINTERFELD?
KENJI
11. KLASSE
AA - 184 CM
KANAME
12. KLASSE
Z - 176 CM
TAKEHITO
11. KLASSE
AA - 174 CM
KOSUKE
10. KLASSE
L - 164 CM
DATEKO
YASUSHI (KOSUKE)
YUTAKA
KANAME
TAKEHITO
KENJI
TAKANOBU
STARTAUFSTELLUNG
KARASUNO
SHOYO
RYUNOSUKE
TOBIO
DAICHI
ASAHI
KEI (YU)
ASAHI
12. KLASSE
AA - 184 CM
KEI
10. KLASSE
MB - 188 CM
DAICHI
12. KLASSE
AA - 176 CM
TOBIO
10. KLASSE
Z - 180 CM
RYUNOSUKE
11. KLASSE
AA - 177 CM
SHOYO
10. KLASSE
MB - 162 CM
YU
11. KLASSE
L - 159 CM
OH! DIE KARASUNO STARTET IN IHRER ANNAHME-STÄRKSTEN FORMATION?
PFÜ ÜT
NUR HER DAMIT!
MACHT SCHON!

DA
POMM
DAICHI!
HRNARH!
FHUAH
SUPER ANGE-NOMMEN!
IEK
YES!
SAUBERE ANNAHME!

...
SCHÖNE AUSFÜH-RUNG ...
ES IST SCHWER ZU SAGEN, WOHIN ER DEN BALL SPIELT.
ABER ...
FHUAH
IEK
IEK
ER HAT SICH VOM MITTEL-BLOCKER MIT DER NUMMER 7 LOSGE-RISSEN?

GIIEK
DATSCH
HNG!
TONG
GWUOAH
!

GUT PLATZIERT, SHOYO!
...
SEHR GUT ...
MAN KANN IHM IN DER LUFT EINIGERMASSEN AUSWEICHEN.
HAAAH! UND ICH DACHTE, DASS IHR BLOCK UM EINEN SCHRITT ZU SPÄT WÄRE!
IST DAS EIN READ-BLOCK ...?
ERST ZU SPRINGEN, NACHDEM DER BALL VOM ZUSPIELER GESPIELT WURDE?
JA.
DIE BISHERIGEN SCHULEN SPIELTEN VIEL MIT COMMIT-BLOCKS. SIE SPRINGEN NACH EINER UNGEFÄHREN EINSCHÄTZUNG, WOHIN DAS ZUSPIEL GEHEN WIRD.
DIE DATEKO SETZT KOMPLETT AUF READ-BLOCKS.
SIE SPRINGEN, NACHDEM SIE AM ZUSPIELER ABGELESEN HABEN, WOHIN DAS ZUSPIEL GEHT.
MAN KÖNNTE SAGEN, DASS SIE DADURCH EINEM LOCKVOGEL NICHT AUF DEN LEIM GEHEN KÖNNEN.
DARUM SIND SIE ZWAR EINEN SCHRITT ZU SPÄT, ABER DIESE NUMMER 7 HOLT DAS AUGENBLICKLICH WIEDER RAUS ... MIT GRÖSSE UND GESCHWINDIGKEIT.
U... UNHEIMLICH ...
TOBIO! DEN MACHST DU!
HAU DRAUF!
LOS! KILLER-AUFSCHLAG!
FUPP
KARASUNO
DATEKO
IEK
IEK
IEK

DOMMM
EIN WUCHTIGER AUFSCHLAG, WIE EH UND JE.
PFAH!
BOFF
IEK
ICH HABE IHREN LIBERO DIREKT ANGE-SPIELT!
GUT GE-MACHT!
WENN ER DAS NOCH BESSER KONTROLLIEREN KÖNNTE, WÄRE DAS ÜBEL.
WOHL WAHR.
DOMM
FHUAH
BOFF

WOW, ER HAT IHN BEKOMMEN!
WAHNSINN.
HINTEN!
FLIEGT!
SORRY, SICHERN! RYUNOSUKE!
MACH ICH!
ASAHI!
EIN HINTERFELD-ANGRIFF … VOR DREI MONATEN HABEN SIE DAS NICHT GEMACHT.
DOPP
IEK IEK

BA TAMM
VER-DAMMT!
PAS-SIERT IST PASSIERT! AUF EIN NEUES!
TUT MIR LEID, ASAHI. DEN NÄCHSTEN HABE ICH!
ICH BITTE DARUM!
ABER ICH VER-SENKE IHN DANN AUCH!
HÄ? SEID MAL EIN BISSCHEN TRAURIGER!
SEI NICHT SO BÖS-ARTIG, KENJI!
AUTSCH.

IEK IEK
IEK
KARASUNO
DATEKO
0 1 1 01
ASAHI!
GUTE AN-NAHME!
FHUAH
!
GWUAH
SRRT
(WENN EIN SPIELER MIT EINEM KÖRPERTEIL DAS WEISSE BAND AM OBEREN RAND DES NETZES BERÜHRT, IST DAS EIN FEHLER.)
PFÜT
DOMM
DOMM
SWT
!
DIE NETZ-BERÜHRUNG DER DATEKO HAT DER KARASUNO EBEN DAS LEBEN GERETTET.
WAHNSINN, ODER? BEI SO EINEM SCHNELLEN ANGRIFF SIND ZWEI BLOCKER GEFOLGT …
…
ALLES GUT, MACH DIR KEINEN KOPF!
WUPP

KARASUNO
DATEKO
02 1 01
SUPER ANGE-NOMMEN!
VORN! NACH VORNE!
IEK
IEK
IEK
KENJI!
DO DOMM
FURGH!
SUPER, RYUNO-SUKE!
'TSCHUL-DIGUNG! SICHERN!
BIN FREI!
DOFF
ASAHI!
IEK
BADASCH
DOMM
PFÜT
SWT
PUH, DER BALL GING INS AUS! WAS FÜR EIN GLÜCK!
HA!
DAS WAR SUPER, ASAHI!
PUNKTE-TECHNISCH FÜHRT DIE KARASUNO.
ABER ...
KARASUNO
DATEKO
03 1 01

... DIE KARASUNO KOMMT ZU KEINEM ANGRIFF OHNE IRGENDWELCHE PROBLEME.
SIE ENTKOMMEN NUR MIT KNAPPER NOT EINEM SHUTOUT.*
WENN DER BLOCK, DEN SIE GERADE NOCH UMGEHEN, ...
... ANFANGEN WÜRDE, SIE FEST-ZUNAGELN, ...
*SHUTOUT: EIN SPIEL OHNE GEGNERISCHE PUNKTE
... HÄTTE DIE DATEKO DAS SPIEL KOMPLETT IN DER HAND.
KENJI!
BOTSCH
!
GUT GEMACHT, SHOYO!
PHUAAH
ECHT JETZT?
DANKE-BALL!
DOPP
EINEN PUNKT, DEN DER GEGNER HOLEN SOLLTE, ...
... IM HAND-UMDREHEN IN EINEN EIGENEN PUNKT ZU VERWANDELN ...

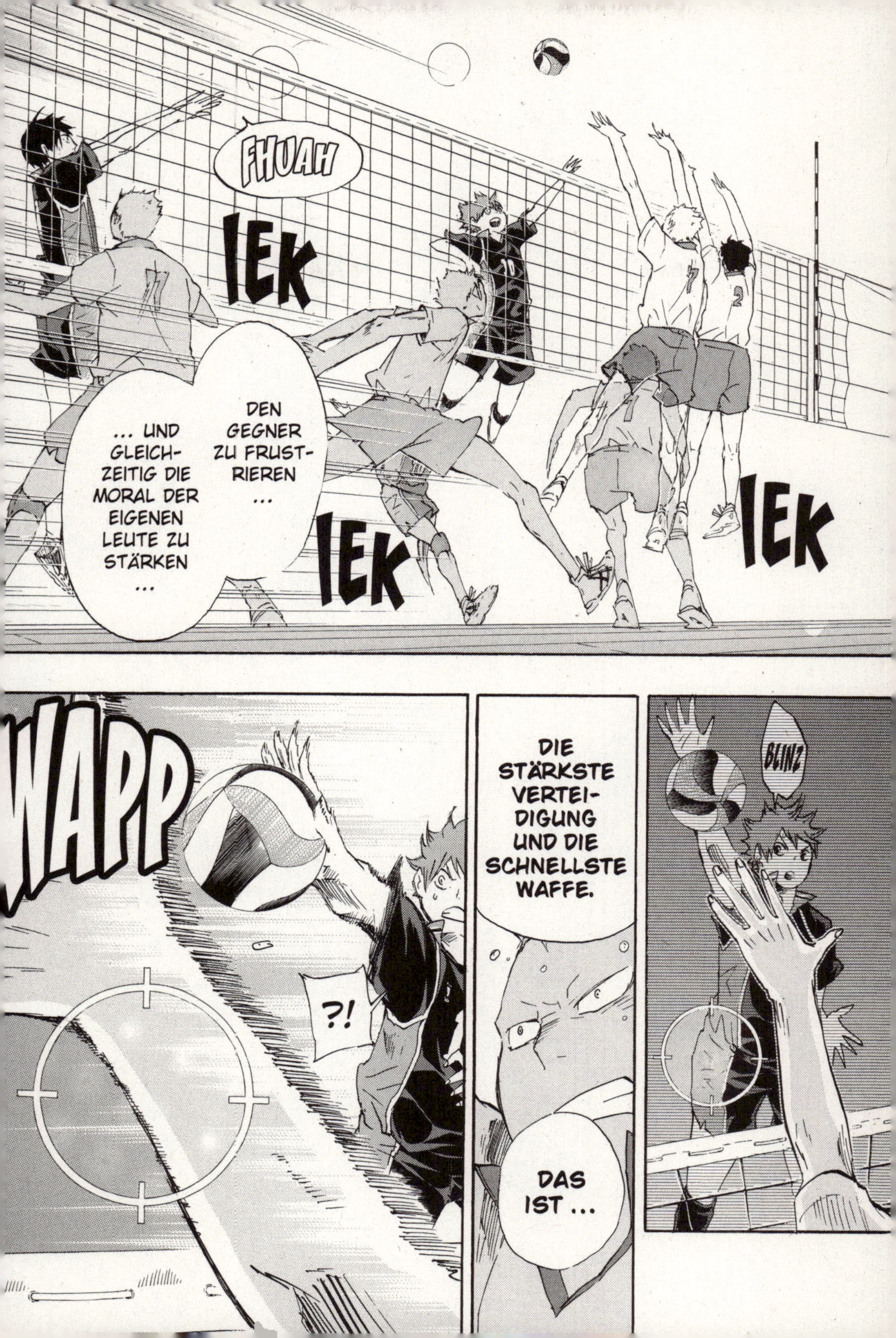
FHUAH
IEK
DEN GEGNER ZU FRUST-RIEREN ...
... UND GLEICH-ZEITIG DIE MORAL DER EIGENEN LEUTE ZU STÄRKEN ...
IEK
IEK
BLINZ
DIE STÄRKSTE VERTEI-DIGUNG UND DIE SCHNELLSTE WAFFE.
DAS IST ...
WAPP
?!

DO
BAFF
... EIN BLOCK.

UAAAAH!
YEAAAAH!
SUPER-BLOCK!
NOCH EINEN, TAKA-NOBU!
KARASUNO
DATEKO
03 1 02
GROSS-ARTIG, TAKA-NOBU!
HIGH FIVE!
PANG
GUARH.
HRNGH.
EINE HOHE, … … SCHNELLE …
… UND DAZU NOCH … … BREITE WAND.
WAHR-LICH EINE …
… EISERNE WAND.

MAAAAANN!
BLEIB RUHIG! NÄCHSTES MAL!
NÄCHSTES MAL ...
... MACHST DU DEN PUNKT AUF JEDEN FALL.
?
HÄ?
...
IST IRGENDETWAS?
SIE HABEN DIESE NUMMER 10 ALS NEUE WAFFE ...
... UND WIR HABEN SIE AUSNAHMSLOS AUFGEHALTEN.
UND TROTZDEM ...
... SIND SIE KEIN BISSCHEN BEUNRUHIGT?
ALS WIR GEGEN DIE NEKOMA ANGETRETEN SIND, ...
... WAS DENKT IHR, WARUM HABEN SIE DEN FREAK-ANGRIFF BLOCKEN KÖNNEN?

WEIL SOU EINFACH SUPER WAR!
JA ... DAS IST DIE GRUNDVORAUSSETZUNG, ABER ...
DER MITTELBLOCK HAT SICH AN SHOYOS BEWEGUNGEN GEWÖHNT.
GENAU.
GEWÖHNUNG!
ALSO ICH BIN DER MEINUNG, DASS DIE NEKOMA DA EINEN ZIIIIIEMLICH SCHLAUEN KERL IM TEAM HAT.
WOMÖGLICH IST ES DER PUDDING-ZUSPIELER.
KENMA!
ZUR GLEICHEN ZEIT IN TOKYO
HATSCHI!
KENMA IST ERKÄLTET!
WAAAS?!
HALT DEN MUND, SOU! BIN ICH NICHT.
EHRLICH GESAGT, HÄTTE ICH NICHT GEDACHT, DASS SIE SO SCHNELL REAGIEREN WÜRDEN.
FRÜHER ODER SPÄTER WIRD SICH JEDES TEAM AN DEN FREAK-SCHNELLANGRIFF GEWÖHNEN UND IHM FOLGEN KÖNNEN.
EUER SCHNELLANGRIFF IST EINE WAFFE VON ENORMER STÄRKE, ABER NICHT UNBESIEGBAR.
DAS, WORAUF ES ANKOMMT, ...
... IST DAS WIE UND WANN.
RICHTIG.

MEINST DU MIT „NÄCHSTES MAL DEN PUNKT MACHEN", ...
... DASS WIR ES TUN?
SO „WIUNN!" UND SO?!
MACHEN WIR'S?
FUPP
FUPP
FUPP
KOMMT MIR VOR, ALS WÄRE ES EWIG HER.
HIBBEL
ZEIG MIR DEINEN SCHNELLSTEN ...
... UND HÖCHSTEN ...
... SPRUNG.
ICH WERDE DEN BALL ...
... ZU DIR BRINGEN.

TAKANOBU AONE

DATEKOGYO-OBERSCHULE, 11-A

POSITION: MITTELBLOCK

GRÖSSE: 191,8 CM, GEWICHT: 88,2 KG
(STAND: 11. KLASSE, APRIL)

GEBURTSTAG: 13. AUGUST

LEIBGERICHT: SÜSSKARTOFFELN
MIT MARONEN

AKTUELLE SORGE: WENN ER MIT
DEM ZUG FÄHRT, SETZT SICH NIE
JEMAND NEBEN IHN.

PROFIL (SKALA 1 BIS 5)

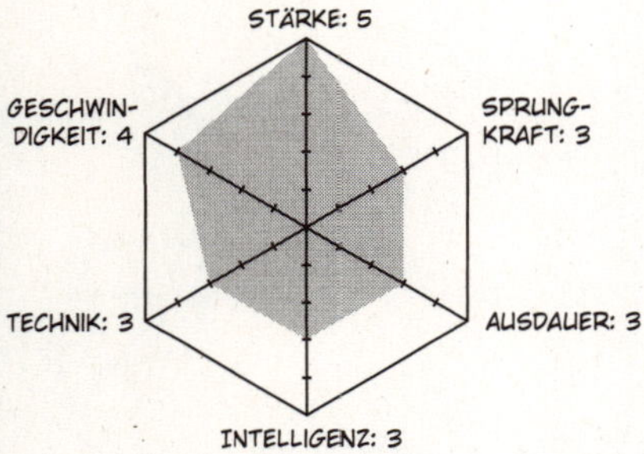

KAPITEL 43:
FEUER FREI FÜR DEN
SCHNELLANGRIFF

KENJI
TAKEHITO
YASUSHI (KOSUKE)
TAKANOBU
KANAME
YUTAKA
NETZ
ASAHI
DAICHI
SHOYO
KEI (YU)
TOBIO
RYUNOSUKE
AKTUELLE ROTATION
DATEKO
KARASUNO
0 3 1 0 2
VERMUTLICH KOMMEN DIE SCHNELLSTEN ANGRIFFE VON DIESER NUMMER 10.
DIESE SCHNELL-ANGRIFFE STELLEN FÜR UNSERE WAND KEINE GEFAHR DAR.
HM, WAS MACHEN SIE WOHL?
伊達工業
OB IHR NÄCHSTER ANGRIFF AUCH WIEDER EIN SCHNELL-ANGRIFF VON DER NUMMER 10 SEIN WIRD?
ER IST WIE EIN HAMSTER IN DEN KLAUEN EINES BRAUNBÄREN … ER KANN EINEM LEID TUN …
WIE BITTE?
ZOOOM
KENJI, DEN MACHST DU!
LOOOOS!
IEK
IEK

RYU-NOSUKE!
JA-WOLL!
DOFF
IEK
SUPER ANGE-NOMMEN!
FHUAH
SWUSCH
IEK
IEK
IEK
WIE GUT SEIN GESPÜR AUCH SEIN MAG, ...
... EIN READ-BLOCK ...

... KOMMT DA NICHT MIT!

DO
PAMM
?
SHUNN
?
DATEKOS EISENWAND
WAS ...

WOAAAAAH
WAS WAR DAS DENN EBEN ?!
YEAAH!
YES!
PFÜT
DA WAR ER, IHR MONSTER-ANGRIFF.
IEK
OOH, DIE AOBA-JOHSAI!
WIRKLICH GENIAL.
ZUM KOTZEN.
IEK
IEK
DER HATTE ECHT WUMMS.
GRUSELIG, ODER? ANGSTEIN-FLÖSSEND.
RATTER
RATTER
WAS FÜR EIN ABSURDES ZUSPIEL!
UND DAS NUR, UM TAKANOBU ABZU-SCHÜTTELN?
UND TROTZDEM HAT DER ANGREIFER DEN BALL VOLL ERWISCHT.
?

DAS WAR DOCH BESTIMMT ZUFALL ...
WEISST DU IRGENDETWAS ÜBER DIESE NUMMER 10?
NEIN ... ICH KANN MICH NICHT ERINNERN, IHN BEIM TURNIER DER MITTELSCHULEN GESEHEN ZU HABEN ...
ZUFALL ODER ...
...
SHOYO HAT AUFSCHLAG!
KARASUNO
DATEKO
... ABSICHT?
04 1 02
LASS KRACHEN!
AUFSCHLAG, SHOYO
RAUS: YU
REIN: KEI
KÖNIG! DEN BALL EIN BISSCHEN WEITER WEG VOM NETZ, BITTE.
ICH WILL NICHT GEBLOCKT WERDEN.
...
HRNGRL ...
WAS?
ALLES KLAR, HAB ICH GESAGT!
NEIN, DAS HABE ICH NICHT VERSTANDEN.
DU MAGST ES NICHT, BEFEHLE VOM EINFACHEN VOLK ZU ERHALTEN, ODER? STIMMT DOCH, ODER?
HÖRT AUF, IHR ZWEI! LERNT IHR DENN GAR NICHT DAZU?!
!
ZISCH
...

ENDLICH HAT TOBIO DIESEN SCHNELLANGRIFF BENUTZT ...
DIE DATEKO IST JETZT BESTIMMT VERWIRRT ...
MAN KANN SO EINEN SCHNELL-ANGRIFF AUF DER GANZEN WELT SUCHEN UND WIRD IHN NICHT FINDEN.
MIR SCHWANT NICHTS GUTES.
UPS.
SCHRATT
T... TUT MIR LEID!
MACHT NICHTS!
ALLES ANDERE IST BEI IHM ZIEMLICH VER-BESSERUNGS-WÜRDIG.
TAKA-NOBU HAT AUF-SCHLAG!
VORNE, NACH VORNE!
GUTE AN-NAHME!
IEK
DATEKO
KARASUNO
0 4 1
0 3
FHUAH
BWOFF
SUPER PLAT-ZIERT, KEI!
TANG
DAS EBEN WAR GANZ NORMAL ZUGE-SPIELT.
NICK
WAR DAS DAVOR ZUFALL? ODER FUNK-TIONIERT DAS NUR MIT DER NUMMER 10?
伊達工業
RAUS: TAKANOBU (MB)
REIN: KOSUKE (L)

伊達工業
7
AKTUELLE ROTATION
TAKANOBU (KOSUKE)
KENJI
TAKEHITO
KANAME
YUTAKA
YASUSHI
NETZ
TOBIO
KEI
ASAHI
RYUNOSUKE
SHOYO (YU)
DAICHI
BOFF
VOR-WÄRTS, DAICHI!
GUT GENOM-MEN!
TOMM
DOMM
FHUAH
!
FLAPP
DATEKO
KARASUNO
04
051
YASUSHI KAMASAKI
DATEKO 12. KLASSE MITTELBLOCK
WENN SIE EINEN PUNKT MACHEN, HOLEN WIR IHN UNS ZURÜCK!
GENAU, YASUSHI!
SO KENNEN WIR UNSEREN YASUSHI!
IEK
IEK
IEK

KARASUNO DATEKO
6 4
KARASUNO DATEKO
6 5
AUS!
GUT GESEHEN, YU!
DA BEWEGT SICH NICHT VIEL BEIM PUNKTESTAND!
SO WAS NENNT MAN WOHL „HIN UND HER".
KARASUNO
DATEKO
07 05
OH, WARTE …
SIEH NUR.
IN DER AKTUELLEN ROTATION …
… WECHSELT DIESE NUMMER 10 …
… INS VORDERFELD!
REIN: SHOYO
RAUS: YU
AUFSCHLAG: KEI
DIE NUMMER 10 IST INS VORDERFELD GERÜCKT …
WUNN WUNN

DIESES IRRE SCHNELLE ZUSPIEL …
SEIT VORHIN HAT IHR ZUSPIELER ES NICHT MEHR GEMACHT.
ÜBRIGENS HABE ICH IHN IN DER MITTELSCHULE BEI EINEM SPIEL DER KITAGAWA DAIICHI GESEHEN.
DA HAT ER MIT SEINEM ZUSPIEL WIE VORHIN SEINE ANGREIFER DUMM DASTEHEN LASSEN.
SOLCHE SZENEN HABE ICH MEHRMALS BEOBACHTEN KÖNNEN …
GNH!
ALS ICH VORHIN SEIN ZUSPIEL GESEHEN HABE, DACHTE ICH, DASS ES VIELLEICHT NOCH EINE SCHLECHTE ANGEWOHNHEIT AUS DER MITTEL-SCHULE IST.
ABER DIESE NUMMER 10 HAT DEN BALL GESCHLA-GEN.
ALS WÄRE ES DAS NATÜR-LICHSTE DER WELT.
…
HAU DRAUF, KEI!
BWOFF
DOFF
GUT GE-MACHT!
IEK
IEK

DO DOMM
SUPER, KENJI!
DATEKO
07 1 06
FLAPP
DIE DATEKO BLEIBT IHNEN AUF DEN FERSEN ...
DIE NUMMER 10 DER KARASUNO IST JETZT IM VORDERFELD, ...
... ABER JETZT KOMMT AUCH ...
REIN: TAKANOBU
ZOOOOM
... DIESER WAHN-SINNS-BLOCK ...
... NUMMER 7 INS VOR-DERFELD!
RAUS: KOSUKE
AUFSCHLAG, YASUSHI
EISENWAND GEGEN ULTRA-SCHNELL-ANGRIFF!

BISHER HABEN WIR UNSEREN FREAK-SCHNELLANGRIFF NUR EINMAL BENUTZT. DAHER KÖNNTEN SIE NOCH DENKEN, DASS ES ZUFALL WAR.
GEBEN WIR IHNEN NOCH EINEN.
ALLES KLAR!
VOR-WÄRTS, YASUSHI!
WUPP
IEK
IEK
IEK
DOMM
KRATT
KULLER
!
NETZ-ROLLER!
VORNE, NACH VORNE!
THAH!
DOFF
GROSS-ARTIG!
SICHERN!
HAB ICH!
ER HAT IHN GE-RETTET, …
… ABER VON DA AUS IST EIN SCHNELL-ANGRIFF UNMÖGLICH! WEM WIRD ER DEN BALL ZU…

ZIUH
工業
監

DOSCH
WIEDER SO EIN PASS!
UND DANN AUCH NOCH VON EINER POSITION AUS, DIE SO WEIT VOM NETZ ENTFERNT IST!
GROSS-ARTIGES ZUSPIEL, TOBIO!
PFÜÜÜT
KARASUNO
DATEKO
08 1 06
ERSTE AUSZEIT, DATEKO
ES WAR ...
... KEIN ZUFALL.

WENN DAS WIRKLICH DER SCHNELLANGRIFF DIESER NUMMER 10 IST, KANN EIN READ-BLOCK IHM NICHT FOLGEN.
WENN WIR IHN LINKS LIEGEN LASSEN, KÖNNEN WIR UNS GENAUSO GUT WIDERSTANDSLOS ERGEBEN.
SOBALD DIE MÖG-LICHKEIT EINES ANGRIFFS DIESER NUMMER 10 BESTEHT, ...
... BEHALTET NICHT NUR DAS ZUSPIEL IM AUGE, SONDERN NEHMT AUCH DIE NUMMER 10 AUFS KORN.
SOLLTET IHR EIN ZUSPIEL ERAHNEN, SPRINGT!
MAN KANN NICHT BEHAUPTEN, DASS DIESE ANGRIFFE REINER ZUFALL SIND.
VERLIERT NICHT DIE FASSUNG UND PASST EUCH AN DIE UMSTÄNDE AN.
JA-WOHL!
UND SERVIERT IHNEN KRÄFTIGE AUFSCHLÄGE!
WENN IHR SIE MIT DEM AUFSCHLAG STÖRT UND DER BALL DEN ZUSPIELER NICHT ERREICHT, KÖNNEN SIE AUCH KEINE SCHNELLANGRIFFE MACHEN.
VER-STANDEN!
UNGLAUB-LICH, DIESE NUMMER 10!
SO EINEN PASS KANN MAN DOCH NORMALER-WEISE GAR NICHT SPIELEN.
DER TECHNISCH HERAUS-RAGENDE IST TOBIO, DER DEM ANGREIFER ...
... DIESE PERFEKTEN BÄLLE ZUSPIELT.
WENN MAN IHM ZUM ERSTEN MAL BEGEGNET, KANN MAN DIESES WUNDER NICHT BEGREIFEN.
SO GING ES UNS AM ANFANG AUCH.
PAH!

SO EINEN SCHNELL-ANGRIFF SEHE ICH ZUM ERSTEN MAL.
FUNK-TIONIERT DIESER SCHNELL-ANGRIFF NUR MIT DER NUMMER 10?
ALSO, WENN DAS WIRKLICH KEIN ZUFALL IST, DANN SIND DAS MONSTER.
...
DIESE SCHNELL-ANGRIFFE SIND WIRK-LICH ZUM FÜRCHTEN, ...
... ABER WIR DÜRFEN AUCH IHRE NORMALEN ANGRIFFE VOM SPIELANFANG NICHT VER-GESSEN.
IN ERSTER LINIE GILT ES, DIESE NUMMER 10 AUFZU-HALTEN.
PFÜÜÜT
IEK
IEK
HALTEN WIR ERST MAL DIESE NUMMER 10 AUF!
OKAY!
DU MACHST ES DIR IMMER VIEL ZU EINFACH!
BESSER ALS ZU SCHWER.
SORG DAFÜR, DASS SIE AUFHÖREN, TAKANOBU!
HRM
MMF
ALSO EIGENT-LICH ...
... MÜSSTEN SIE EINFACH NUR DIESE NUMMER 10 ABSÄGEN, ODER?
SIE IST DIE EINZIGE, DIE IRGENDWIE AUFFÄLLIG IST.
DIE ANDEREN SEHEN SO AUS, ALS HÄTTEN SIE GEGEN DEN BLOCK DER DATEKO KEINE CHANCE.
KANN GUT SEIN.
WIR MÜSSEN NUMMER 10 AUF-HALTEN.
...

NUMMER 10 ...
NUMMER 10 ...
NUMMER 10 ...
...
JEDEN-FALLS ...
... SORGEN WIR DAFÜR, ...
... DASS DIESE KLEINE NUMMER 10 EINFACH UNGLAUBLICH IST! JE STÄRKER SIE WIRD UND ...

FLIEGT
... JE MEHR SHOYO STRAHLT, ...
...
... DESTO MEHR WIRD DER GEGNERISCHE BLOCK GEBLENDET WERDEN.

KENJI FUTAKUCHI

DATEKOGYO-OBERSCHULE, 11-A

POSITION: AUSSENANGRIFF

GRÖSSE: 184,2 CM, GEWICHT: 71,5 KG
(STAND: 11. KLASSE, APRIL)

GEBURTSTAG: 10. NOVEMBER

LEIBGERICHT: SAURES WEINGUMMI

AKTUELLE SORGE: DIE WEISHEITSZÄHNE MÜSSEN RAUS.

PROFIL (SKALA 1 BIS 5)

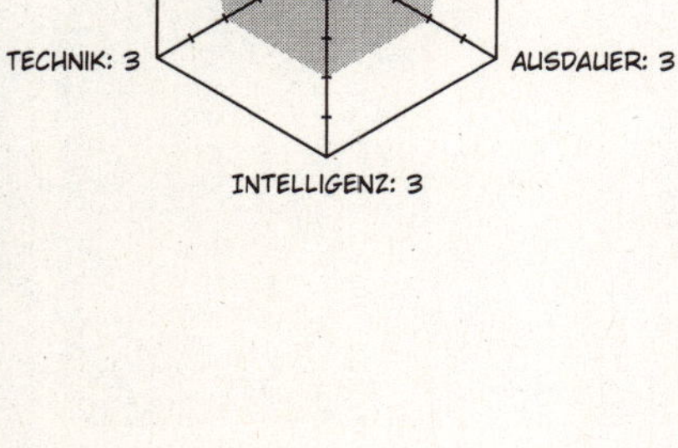

伊達工業
伊達工業
DREI MONATE SIND SEIT DER VERNICHTENDEN NIEDERLAGE GEGEN DIE UNÜBERWINDBARE WAND VERGANGEN.
„UND WENN SICH VOR MIR KEIN BLOCK BEFINDET, ..."
„... KANN ICH AUF DER ANDEREN SEITE DES NETZES ALLES ÜBERBLICKEN."
SO EINE SITUATION ERLEBE ICH NICHT ZUM ERSTEN MAL, ...
... ABER BEI DIESER EISERNEN WAND KANN ICH MIR DIE ANDERE SEITE EINFACH NICHT VORSTELLEN.
WAS FÜR EIN ANBLICK BIETET SICH EINEM WOHL ...
... HINTER DER EISERNEN WAND?
KAPITEL 44:
DER ULTIMATIVE LOCKVOGEL

ZADAMM
NEHMT DAAAAS!
UND BÄMM!
JAWOLL!
IEK
IEK
KARASUNO
DATEKO
16 1 13
IEK
GUT GE-MACHT!
IEK
DU BIST SPÄT DRAN. WAS HÄTTEST DU GEMACHT, WENN DAS SPIEL SCHON VORBEI WÄRE?!
SORRY, DASS WIR KUND-SCHAFT HATTEN!
SCHNELL, MACH SCHON!
SUPERMARKT SHIMADA HEUTE IM ANGEBOT, SCHWEINEFLEISCH FÜR 98 YEN PRO 100G
ELEKTROLADEN TAKINOUE BRINGEN SIE UNS IHRE ALTEN HAUSHALTS-GERÄTE!
ZUM GLÜCK HABEN WIR ES NOCH ZUR ZWEITEN RUNDE DER JUNGEN GESCHAFFT!
OH! DIE MÄDCHEN VON DER KARASUNO.
WAHNSINN. SIE FÜHREN GEGEN DIE DATEKO!
IEK
IEK
YU!
GUTE AN-NAHME!

KOMM SCHOOON!
FRRT
FUSCH
DOSCH
VERDAMMT SCHNELL!
FAST, TAKANOBU!
HÄ? WAS WAR DAS DENN EBEN?
EIN SCHNELL-ANGRIFF?
DER IST DOCH IN DER ZEHNTEN, ODER?
WAR DAS NICHT UNGLAUBLICH, WIE HOCH DER KLEINE GESPRUNGEN IST?
HE HE ...
GUCK NICHT SO SELBSTGEFÄLLIG!
NANU?

DOMM
PFÜT
KOSHI SPIELT NICHT?
MACHT NICHTS! DAFÜR SITZT DER NÄCHSTE!
FLIEGT!
PFÜÜÜT
DOMM
YU!
HAB ICH!
DOFF
SUPER ANNAHME!
B!
IEK
IEK
IEK
ZU MIR!
ZWEI ANGREIFER ...
WER WIRD ES SEIN?
IEK
IEK
IEK
GNNH
ER SPRINGT ...!

!
WROFF
IEK
FHUAH
ER SPRINGT NICHT?!
FRUFF
DO PAMM
DIESES MAL WAR ES EIN *NORMALER* SCHNELL-ANGRIFF!
MAN DENKT SOFORT, DASS SIE DIESEN SCHNELLEN MACHEN.

DIESEN „ZAPAMM-ANGRIFF" UND DIE NORMALEN SCHNELL-ANGRIFFE ... WIE BEKOMMEN SIE DAS HIN?
ICH FRAGE MICH WIE MAN ÜBERHAUPT DIESES „ZAPAMM-ZUSPIEL" SCHLAGEN KANN!
VER-DAMMT. WAS STIMMT MIT DIESER NUMMER 10 NICHT?
...
HEY, HEY, HEY!
PATSCH
PATSCH
PATSCH
LASST EUCH NICHT EIN-SCHÜCHTERN!
DIE NUMMER 10 IST WIRKLICH ERSTAUNLICH, ABER ...
WIR MACHEN MIT UNSEREN ANGRIFFEN AUCH PUNKTE.
IHR HABT SCHON ALLE MÖGLICHEN ANGREIFER BEZWUNGEN! AUCH DAS ASS VON DER KARASUNO!
UND DIESES MAL WERDET IHR SIE WIEDER AUF-HALTEN!
WUMM
ALLES KLAR!
KLAR!
SAG BITTE NICHT „IHR", SONDERN „WIR"!
!
KENJI ...
FLIRR
ENT-SCHULDIGE, DASS ICH DICH FÜR EINEN DUMMEN ROTZLÖFFEL GEHALTEN HABE!
HAST DU?!

IEK
IEK
IEK
IEK
ASAHI!
GUTE AN-NAHME!
FHUAH
IEK
IEK
IEK
GUOAAH
IEK
!!!

DOSCH
HUAAAARH!
JAAAAAA!
JAWOOOLL!

UOAH … ER IST ZWEIMAL GESPRUN-GEN.
BEI DIESER GRÖSSE GENÜGT EIN KLEINER SPRUNG, UM ÜBER DAS NETZ ZU KOMMEN.
ZUSÄTZLICH ZUR GRÖSSE SIND AUCH SEINE LANGEN ARME UND BREITEN SCHULTERN EINE MÄCHTIGE WAFFE.
ABER NICHT NUR DAS …
ER HAT EINE GELASSEN-HEIT, DIE SEINEN BLICK ERWEITERT, …
… UND EINEN EISERNEN WILLEN ZUR ABWEHR.
DIE KOMBINATION VON BEIDEM MACHT IHN ZU SO EINEM …
… BLOCK.
TOMM TOMM
TAKANOBU!
TOMM TOMM
TAKANOBU!
TOMM TOMM
TAKANOBU!
DATEKOS EISENMAUER
MEINE HERREN! DIE SIND BEIDE FANTAS-TISCH!
UND DAS IST ERST DIE ZWEITE RUNDE!
EIEIEI, DER BLOCK DER DATEKO IST ÜBEL.
BEÄNGS-TIGEND.
DAS EBEN HAT DIE DATEKO SOGAR NOCH MEHR ANGEHEIZT.
SO EIN BLOCK SCHREIT FÖRMLICH NACH EINEM RUN.
WENN DER NÄCHSTE PUNKT NICHT AN DIE KARASUNO GEHT, …

... REITET DIE DATEKO AUF EINER WELLE!
BLOCKEN WIR NOCH EINEN RUNTER!
JOUUU!
RUHE BEWAHREN. WIR LEGEN NACH!
...
OKAY!
DANN LOS!
DATEKO
KARASUNO
18
1
15
KENJI
TAKEHITO
YASUSHI (KOSUKE)
TAKANOBU
KANAME
YUTAKA
NETZ
DAICHI
SHOYO
RYUNOSUKE
ASAHI
KEI (YU)
TOBIO
GIB ALLES, OKAY?!
JO.
SCHRR
STOPP
IEK
IEK
IEK
BWOFF
S EISE

!
SEHR GUT! DAS WIRD NICHTS!
SORRY, SICHERN!
RYUNOSUKE!
HAB ICH!
MITTE!
LOS, SHOYO!
DOFF
OKAY!
!
ETWAS NÄHER DRAN AM NETZ ...
IEK
IEK
IEK
DOMM
DOMM
!
OUUUH ...!

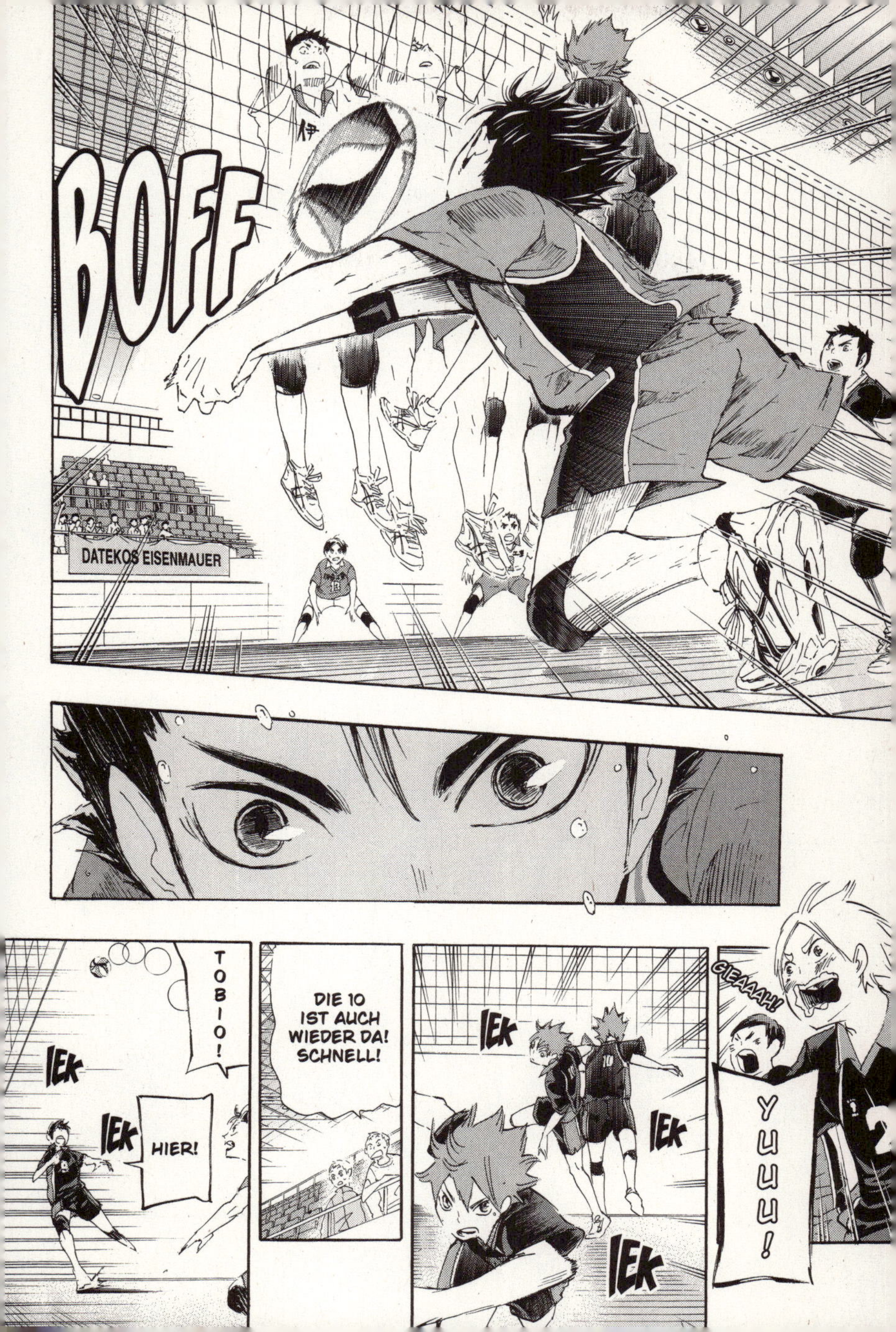
BOFF
DATEKOS EISENMAUER
GEAAAH!
YUUUU!
IEK
IEK
IEK
DIE 10 IST AUCH WIEDER DA! SCHNELL!
TOBIO!
IEK
IEK
HIER!

DIE KARASUNO HAT DREI SPIELER IM VORDERFELD.
WER MACHT ES?!
BRING HER!
NUMMER 10!
BWUOFF
GWUAH

FLIEGT!
Klub der ehemaligen Karasuno-Volleyball-
!!
„MACH AUCH DEN WEG FÜR UNSER ASS ASAHI …"

"… FREI!"
"… KANN ICH AUF DER ANDEREN SEITE DES NETZES …"
"… ALLES ÜBERBLICKEN."
AAH …
DAS IST ER?

PIPE-ANGRIFF: EIN HINTERFELDANGRIFF, DER BEI EINEM SCHNELLANGRIFF IM VORDERFELD HINTER EINEM LOCKVOGEL GESCHLAGEN WIRD

MACH AUCH DEN WEG FÜR UNSER ASS ASAHI FREI.
烏野高校
排球部
YES ...!
GNNH
IHR SEID ... UNGLAUB-LICH ...
ICH DANKE EUCH ...
...
WAS REDEST DU DENN DA?! DU WARST ES DOCH, DER GEPUNKTET HAT!
EIN BISSCHEN MEHR STOLZ, BITTE!
?

OBWOHL ICH ...
... EBEN NICHT DEN PUNKT GEMACHT HABE ...
OBWOHL ICH ...
... KEINEN SCHMETTER-BALL GESCHLAGEN HABE, ...
NUMMER 10!
... WAR ICH WIE ELEKTRI-SIERT.
!
ICH SAGE DOCH, DASS DER ULTIMATIVE LOCKVOGEL GENAUSO COOL IST WIE DAS ASS.

BAND 5: EINZUG INS INTER-HIGH (ENDE)

First published in Japan in 2012 by SHUEISHA Inc., Tokyo.
German translation rights in Germany, Austria, German-speaking Switzerland and Luxembourg arranged by SHUEISHA Inc.

Deutschsprachige Ausgabe / German Edition

CH-1007 Lausanne
4. Auflage

Verlegt unter dem Label KAZÉ MANGA
durch Crunchyroll SA

Aus dem Japanischen von Etsuko Tabuchi und Florian Weitschies

Redaktion: Christin Tewes
Produktion: Dorothea Styra
Lettering: Datagrafix Inc.
Druck und Bindung: GGP Media GmbH, Pößneck

ISBN: 978-2-88921-942-1